梦山书系

管建刚和他的
阅读教学革命

管建刚 著

海峡出版发行集团 | 福建教育出版社

图书在版编目（CIP）数据

管建刚和他的阅读教学革命/管建刚著．—福州：福建教育出版社，2015.9（2023.6重印）
ISBN 978-7-5334-6813-2

Ⅰ．①管… Ⅱ．①管… Ⅲ．①阅读课－教学研究－小学 Ⅳ．①G623.232

中国版本图书馆CIP数据核字（2015）第095539号

Guan Jiangang He Ta De Yuedu Jiaoxue Geming
管建刚和他的阅读教学革命
管建刚　著

出版发行	福建教育出版社
	（福州市梦山路27号　邮编：350025　网址：www.fep.com.cn
	编辑部电话：0591-83779615　83726908
	发行部电话：0591-83721876　87115073　010-62024258）
出 版 人	江金辉
印　　刷	福建省地质印刷厂
	（福州市金山工业区　邮编：350011）
开　　本	710毫米×1000毫米　1/16
印　　张	13.75
字　　数	176千字
插　　页	2
版　　次	2015年9月第1版　2023年6月第8次印刷
书　　号	ISBN 978-7-5334-6813-2
定　　价	29.00元

如发现本书印装质量问题，请向本社出版科（电话：0591-83726019）调换。

目录

我的写读史（代序） …………………………………………… 1
写在前面 ………………………………………………………… 1

第一部分　指向写作：回答 5 个疑问 …………………… 1
1. 就是"指向表达"吗？ …………………………………… 1
2. 就是"读写结合"吗？ …………………………………… 3
3. 会少了"语文味"吗？ …………………………………… 7
4. 会导致机械、枯燥吗？ ………………………………… 10
5. 就是"讲评"课文吗？ ………………………………… 13

第二部分　指向写作：防止 5 种误读 …………………… 16
1. 不是所有的年级都"指向写作" ……………………… 16
2. 不是所有的阅读课都"指向写作" …………………… 19
3. "指向写作"不是不要意思的理解 …………………… 21
4. "指向写作"也不是不要情感、态度、价值观 ……… 24
5. "指向写作"的阅读课不能取代作文教学 …………… 27

第三部分　指向写作：把握 5 个要点 ⋯⋯⋯⋯⋯⋯⋯⋯ 31
1. 再"简单"的课文也值得教 ⋯⋯⋯⋯⋯⋯⋯⋯⋯⋯⋯ 31
2. 从"写什么"转向"怎么写" ⋯⋯⋯⋯⋯⋯⋯⋯⋯⋯ 34
3. 从"字词句"转向"段与篇" ⋯⋯⋯⋯⋯⋯⋯⋯⋯⋯ 36
4. 从"朗读为主"转向"默读为主" ⋯⋯⋯⋯⋯⋯⋯⋯ 40
5. 从"以文定教"到"以学定教" ⋯⋯⋯⋯⋯⋯⋯⋯⋯ 43

第四部分　指向写作：解读 5 篇课文 ⋯⋯⋯⋯⋯⋯⋯⋯ 47
1. 如是解读《变色龙》 ⋯⋯⋯⋯⋯⋯⋯⋯⋯⋯⋯⋯⋯ 47
2. 如是解读《莫高窟》 ⋯⋯⋯⋯⋯⋯⋯⋯⋯⋯⋯⋯⋯ 52
3. 如是解读《大江保卫战》 ⋯⋯⋯⋯⋯⋯⋯⋯⋯⋯⋯ 57
4. 如是解读《把我的心脏带回祖国》 ⋯⋯⋯⋯⋯⋯⋯ 61
5. 如是解读《轮椅上的霍金》 ⋯⋯⋯⋯⋯⋯⋯⋯⋯⋯ 64

第五部分　指向写作：管建刚的 5 堂新课 ⋯⋯⋯⋯⋯⋯ 69
1. 我教《水》 ⋯⋯⋯⋯⋯⋯⋯⋯⋯⋯⋯⋯⋯⋯⋯⋯⋯ 69
2. 我教《黄山奇松》 ⋯⋯⋯⋯⋯⋯⋯⋯⋯⋯⋯⋯⋯⋯ 83
3. 我教《滴水穿石的启示》 ⋯⋯⋯⋯⋯⋯⋯⋯⋯⋯⋯ 100
4. 我教《春联》 ⋯⋯⋯⋯⋯⋯⋯⋯⋯⋯⋯⋯⋯⋯⋯⋯ 119
5. 我教《泉城》 ⋯⋯⋯⋯⋯⋯⋯⋯⋯⋯⋯⋯⋯⋯⋯⋯ 135

第六部分　指向写作：管建刚团队 5 课 ⋯⋯⋯⋯⋯⋯ 146
1.《珍珠鸟》教学实录 ⋯⋯⋯⋯⋯⋯⋯⋯⋯⋯⋯⋯⋯ 146
2.《秦兵马俑》教学实录 ⋯⋯⋯⋯⋯⋯⋯⋯⋯⋯⋯⋯ 158

3.《装满昆虫的衣袋》教学实录 …………………………… 167

4.《大自然的文字》教学实录 …………………………… 177

5.《钱学森》教学实录 …………………………………… 185

后记：在路上 ………………………………………………… 198

我的写读史（代序）

1

我是个半路出家的读书人。

我的父亲母亲是农民，我的爷爷奶奶、外公外婆是农民，往上追溯，大概祖宗十三代都是农民。农民的活计是种田，填饱肚子扯大娃，从来没想家里要出个读书人。

小学，只有几本破烂的连环画。初一、初二，村里的初中；初三，村中没有，去乡里，有了长进，晓得《每周广播电视报》。师范里，教《文选与写作》的张老师，大学刚毕业，晚自习，找我聊天。张老师问我看什么书。我说我不看书。张老师不信，不看课外书，哪能考上师范。

看着张老师期待又执拗的眼神，不说出几本，很对不起她。灵光乍现，对，我看过，看得挑灯夜战、废寝忘食，做梦，梦见那个一天到晚喊着"靖哥哥"的小黄蓉，牵着我的手，一起骑着白马上桃花岛。那个伟大的作家，据说香港的。没想到，张老师不买金庸大侠的账："这不算，其他呢？"其他？梁羽生，《七剑下天山》，一路货色，白搭。张老师启发："宿舍里，大家看什么书？"

哦，对了，在看另一个人的书，看着看着，泪满眼眶，快要流出来了，赶紧躲进蚊帐，一大老爷们，看书掉眼泪，算什么呢。那作家的名字，一辈子都忘不了，叫琼瑶，多有爱情的味道。迷上了，迷上了，迷到什么程度，相思病都羞羞答答地出来了。张老师也不给爱情启蒙老师面子："这也不算，你要看名著。"名著？我们正学巴金的文章，张老师推荐我读《家》《春》《秋》。

我买了本《家》，勉强看了9页，再没翻第10页，不好看，看不懂，罢，罢，罢，毕业，咱当数学老师去。

2

毕业那年大病。一年后，病怏怏上班。村校长说，小管，你教二年级数学和四年级数学。我没教过书，一下压两个年级，头皮发麻，心头发怵，只怕吃不消，厚着脸皮同校长还价：您看我的身体，能不能教一个年级？

村校长挺为难，村小，一个萝卜一个坑，教数学都得两个年级，你教一个年级，谁教三个年级？我急了："村校长，你真要我教两个年级，我只能上班一个星期，再请假一个星期；再上班一个星期，再请假一个星期……"

校长与我同村，我的身体他心里多少有底。校长答应了，行，教一个年级，不过，改教语文，五年级语文兼班主任。教一个年级总比教两个年级轻松，这么着，我成了语文老师。我的心思不在教书，在养病。养得差不多了，父亲做生意，亏多了，合伙人散伙，一身债务的父亲愁眉苦脸，我对父亲说，我帮你干。干了三年，债务基本清了，我回过神来，不折腾了，安心当老师吧。已是1998年。

1998年的春天，我写了篇300字的乡村散文，寄给《吴江日报》。三月的某一天，王老师拿了报纸给我看："小管，有件怪事，《吴江日报》上，有个人跟你同名同姓。"我一看，《三月》，管建刚，我呀。王老师满眼狐疑地看了看我，又看了看我。回家路上，我发誓，再写一篇给王老师看，题目也想好了，就叫《四月》。四月五日，没戏。四月十日，没戏。四月二十了，没戏，死的心都有了。四月二十六日，终于，王老师拿着《吴江日报》来了："小管，上面《四月》的管建刚，还是你吧？"

村小，都是民办老师。民办老师跟公办老师的收入、福利、劳保，差距很大。我有什么能耐呢？民办老师怎么教，我也怎么教；民办老师怎么布置作业，我也怎么布置；民办老师怎么应对考试，我也怎么应对。对我这个师范生，他们多少有问号。《三月》《四月》《五月》《六月》发表后，民办老师们看我的眼神变了，嘿，有两下子啊。

校长对我一向冷淡。这管建刚，报到后，不工作，尽报销医药费；身体养好了，忙着搞二产挣钱，哪像个好青年。我也愧疚，每次去中心校开会，怕遇到校长。一见校长从那头来，我侧身，去左边的厕所。时间久了，一见校长，我就有上厕所的欲望。《七月》《八月》发表了，1998年的8月30日，照例去中心校开全体教师会，走廊上遇到校长，校长居然朝我微微一笑，我心惊肉跳地叫了声"校长"，那滋味，传说中的"受宠若惊"吧。

《九月》《十月》发表了，《冬之歌》《冬之约》《冬之舞》发表了，老婆看我的眼神也变了。早上洗漱，看镜子里的我，嗨，看自己的眼神也变了。小学里，男老师少，教语文的更少。我这个小学语文男老师，村小里混了一年又一年。我的同学到中心校了，我的老婆也到中心校了，我还在村小，能有啥好眼神？

"十二个月"，写着写着，不够用了，我找书，找杂志，读散文，读小说，读得昏天黑地的。读老舍，先生居然将文字拿捏得如此随心所欲，像"泥人张"，随心所欲捏出想要的。读柏杨，哦，写作这玩意，不用那么正经，可以很闲散，老不正经。

现在想来，写作，最能焕发一个人的读书热情，写作能让人的阅读，具有专业感，以至于我有这样的观点：你爱读书吗？写作去。

3

那时，校长大会、小会提"末位淘汰制"。一年下来，各项指标综合考评，最后一名，待岗，去教师进修校"再教育"，合格了回来。我好面子，糗事落咱身上，要么跳槽，要么跳楼。

医疗改革启动了，给一张医疗卡，卡上的钱，一部分来自个人，一部分来自统筹。卡上的钱用光了，得自付；自付到一定金额，按比例报销。大病过的人，对医疗改革敏感，我坐不住了，教师的铁饭碗，怕也"铁"不了多久了。父母是农民，岳父母也是农民，一大家子，没地儿能依附。你不朝前走，待岗的，说不定真是你。抬头见一建筑工地，墙上刷着条标语："今天工作不努力，明天努力找工作。"

初夏里的我，浑身激灵了一下。再不好好干，下岗了，老婆养你？我不好好干，老婆好好干，做男人的靠山？身边那么多女老师，一个男人窝囊地混里面，那不是你跟她们开玩笑，而是她们把你当玩笑开。

一个村小教师，要活出个样子来，路呢？想来想去，好像只有"写"。可学校里，语文老师的小散文，不算，要教育方面的。1998年，毕业后的第八个年头，我第一次捧起教育杂志，不怕你笑话，那些论文，我根本读不懂。一期期啃下去，渐渐能懂了。同年10月，狠下心，买了电脑。发表一篇，报刊社给稿费，学校给奖金，我对老婆说，我会把电脑"写"出来的。

一篇不足千字的教育随笔，我要敲打一周。每天晚上 7 点到 9 点，雷打不动，坐在电脑前。冬天，没空调，老婆可怜我，搬来纸箱，铺上棉被，脚伸进去，棉被裹住腿脚。一星期，十几个小时，生产一篇千字文，平均一小时写了几十个字。我拒绝了电视。1998 年到现在，17 年里，我看过三部电视剧。你要获得什么，你就要拒绝什么。你拒绝了什么，才能得到什么。

写不出来，只好去看书。村小里所有的教育杂志，我看了个遍；看完了，去中心小学借。多年后，钮云华校长说起，学校的图书馆，常年没有人借，借的，也都是小说、野史，只有管建刚到了那里，专拣"教育"。不是我喜欢"教育"，而是我要写"教育"，不能不看啊。

这样的写，这样的读，确有功利，与高大上无缘。后读《谈美书简》，朱光潜先生也如此，并说，"我发现这也是一个很好的学习方式和思想训练"。释然。

4

想来想去，教作文还有点儿信心。作文上，做了好几年，想写一本书。写书，没那么容易啊，不能光把做法列出来，背后的东西也要讲出来。我讲不清楚，写不明白，只好去读。哎，这里有一句理论，和我的做法相吻合；那里也有一句，和我的做法相吻合，一边读，一边找，一边乐。

老一辈的《文话 72 讲》《怎样写作》《文章作法》《谈文学》，大学教授的《文学创作论》《语文：表现与存在》《现代写作学引论》《高等写作学引论》，小语名师的《"儿童作文"教学论》《袁浩小学作文教学心理研究与实践》《贾老师教作文》，台湾的《作文三书》，国外的《作文教学的100个绝招》《成为作家》《用写作来调心》《西方写作理论、教学和实践》。写作这事儿，作家有甘苦，老舍《出口成章》、肖复兴《我教儿子写作文》、叶永烈的《叶永烈教你写作文》，我也读了。

做了再读，印证着读，时有"心有灵犀"的美妙。也有所做、所想，和书上的不同。一路做，一路读，一路思，一路写，于是有了"管建刚作文教学系列"。写作，提高了我的阅读效率；阅读，丰富和加快了我的写作。我必须诚实地告诉你，管建刚不是有水平了，才写书的；而是写着、写着，有点水平了。写，然后知不足；有了"写"，你才清楚自己的"不足"，究竟在哪里。不写，只感觉有"不足"，永远不知"不足"的具体方位。

很多老师说，不会写文章，我缺理论。没有理论，那去读吧。老师们说，枯燥、晦涩，读不下去。告诉你我的秘诀吧，你要"写"，"读"的背后有个"写"的需求，再枯燥的书，也能读下去了。很多老师不爱读理论，不知道什么时候能用上，枯燥地去读可能一辈子也用不上的东西，越读越泄气，越读越烦心，只好对不起那本书了。

一线如我，不是有了一肚子的理论，才能写作；写的时候，遇到不明白的，阅读中寻找相呼应的理论，一边写一边读，"读"很快和"写"调和。"读"，像"水滴到了海绵上"，而不像以前，"水滴到了油上"。

5

"在写作中阅读"，成为我近年来，一个强烈的阅读心得。当年的"小燕子"，都"致青春"了。我们早过了漫天乱读的年龄；有些事，过了这个村，没那个店，得认命。

求学时代，可以漫无目的，可以四处闲逛，想读什么就读什么，想怎么读就怎么读。工作要时间，恋爱要时间，结婚生子、照顾家庭要时间，看望老人要时间，处理关系要时间，所剩的，你还瞎折腾得起吗？工作后的阅读，绝大多数有指向、有目的、有用处。套用"二八定律"，二分自由散读，八分目的阅读。

每天我用 5 分钟，上"表扬课"。每天记录一个表扬，两年积累了 20 来万字。跟出版社的朋友聊，表扬是个好东西，能让你的教育心情一天天好起来，到班级，第一件事，表扬，眼光看好的一面，心情也好。表扬不只动动嘴皮子，有的表扬要及时，有的表扬要滞后；有的表扬要点名，有的表扬要匿名；有的表扬要当面，有的表扬要"曲线"；有的表扬指出优点，有的表扬影射缺点……

朋友听了，鼓动我，整理出来，书名就叫《一线表扬学》。原始材料有了，写成书，读者爱看，看了有所收获，没那么简单。不忙整理，不忙写，读书去，有目的读书去。上当当网、京东网，搜索了跟"表扬""激励""鼓舞"有关的书，一本一本地看，嘿，表扬的学问真不少：

"大人们很容易习惯性地以负面方式对孩子的不良信息做出回应，而不是处理隐藏在不良行为背后的信息，以激励孩子做得更好""一个孩子可能 85% 是优点，15% 是缺点……当你用 85% 的时间和精力都用来关注 15% 的消极方面时，消极方面就会膨胀，而积极方面不久就会消失""表扬已经不是难于启口的要求了，也不是一年才吃那么一次的法国大餐，而是成为了每天都有必要吃的大米、白面和水。它已经成了激发人们干劲的不可或缺的能量之源"……

写着、读着，读着、写着，哦，写作不只是输出，也是一种输入，你要经常在写作中输出，就要经常在阅读中输入。你想写作，你想以文字来表现自己，你必然要阅读。没有写作的阅读，是没有坚实根基的阅读，随时可能会断的阅读。

6

从事营销的人，边做营销，边读营销，书里的"营销智慧"转化为自己的"营销行动"，越读越有味。从事计算机、网络工程的人，看的大都是网络编程、计算机原理，边读边应用，读、用结合。"读"以致用，于天才，可能有害；于人才，绝对经济。我只是想做个人才。

"写"而后"读"，很容易"读"以致"用"。"写"而后"读"，读的，往往不只讲了什么，不只拿一点"招"。前头有个"写"，你的"读"，会琢磨人家怎么"写"、怎么"讲"，这叫"专业的读"。我们去看摄影展，看出照片上的意思、意境，不错了。摄影师去看，还要琢磨人家怎么把"意思""意境"，用"光"和"影"表现出来的。摄影师的"读"，就是"专业的读"。摄影师为什么能"专业的读"，他一直在"摄影"，有了"摄影"的实践，再"读"人家的作品，心眼就发生了"质"的变化。

一部好电影，第一遍，你关注电影起伏的情节，男女主人公的情感纠纷，后来的结局。第二遍，你会关注整体构架，前后呼应，你会关注第一遍没关注的东西，第一遍没看到的东西。第三遍，你或许会领悟导演的别出心裁、匠心独运。读文章，也是。第一遍，关注内容、情节；第二遍，关注细节、情感；第三遍，关注语言、关注表达。几次读，才能读出精华。

我们的教育实践，也要一次次地"读"。第一次"读"，你处在教育事件之中，往往没法看清自己的行为高明在哪里，不好在哪里。"写"的时候，大脑的放映机慢慢"回放"，你或许发现了自己的教育智慧，这些教育智慧经由笔的传递，在你的大脑皮层留下了深刻的印象，智慧由此深入你心。或许你发现了自己的教育缺陷，这些教育缺陷经由文字的剖析，在你的大脑皮层留下了深深的遗憾，教育缺陷由此转化为"刻骨铭心"的教育经验，你由此知道了教育的"沟"和"坎"。有的时候，写着写着，前面写好的东西，删了，从头再来，那又要"读"自己的教育行为。写好一个教育案例，要多次"读"自己的教育行为，从而将自己的教育行为的纹理，看得清清楚楚、明明白白。

这种"读"，谁也无法替代。只有你，才能"读"到自己脑子里的"书"。正是这个意义上的"读"，教育写作充满了唯一性，谁经常出入于这个"唯一"，谁就能变得敏锐起来。这也是那么多人，一说教师发展，就提教育反思、教育写作的原因吧。

7

多年前，玩南京夫子庙。摊铺售小册子，藏青封面，竖排书名，古色古香，价格也便宜，十块钱三本。我挑了《围炉夜话》《小窗幽记》和《菜根谭》。三本书，都很薄，一两百句，很快，读完了，再读。放包里，等车，拿出来读，等开会，拿出来读，睡前，拿起来读，着了魔似的。

常有人说"顺其自然"，不要太执着了。《小窗幽记》说，"事但观其已然，便可知其未然；人必尽其当然，乃可听其自然"，扪心自问，我"尽其当然"吗？没有"尽其当然"，怎可"听其自然"？

小语界，阅读教学轰轰烈烈，作文教学凄凄惨惨。我呢，一心一意做作文教学。也彷徨，也想放弃，随大流。《小窗幽记》说，"伏久者，飞必高；开先者，谢独早"，那我好好"伏"，"伏"上十年。《围炉夜话》说，"矮板凳，且坐着。好光阴，莫错过"，每天晚上，我坐电脑前的"矮板凳"上，两个小时，坐了十年多。公务员热，有人跟我说，你能写点东西，公务员里，笔杆子挺缺的，去试试吧。《围炉夜话》说，"常思某人境界不及我，某人命运不及我，则可以自足矣；常思某人德业胜于我，某人学问胜于我，则可以自惭矣"，淡然一笑，教我的书，码我的字。

前两年，再去夫子庙，买了一叠《围炉夜话》《小窗幽记》《菜根谭》，送人。我的经典未必是他们的经典，影响我的书未必是影响他们的书。然而，或许，物以类聚、人以群分的我们，有着某种隐秘的灵通。

阅读是一种寻找。对写作而言，那是寻找表达；对心灵而言，那是寻找精神。年轻时喜欢琼瑶，喜欢金庸、古龙、梁羽生，不是他们的书好得不得了，书里有我们精神的影子、心灵的渴求。现在的孩子，喜欢郭敬明、笛安，亦是。人的身体会自然发育、成长，精神和心灵，不会。你不可能一辈子在琼瑶的书里情情爱爱，也不可能一辈子在金庸的书里打打杀杀，你最终要成为你自己，你必须寻找到那个属于自己的精神家园。

很多人一辈子都没找到属于自己的书。你在阅读中找到自己的精神蜗居了吗？你找到一本能让你经常阅读的书了吗？没有"找到"，东一榔头、西一锤子，能读出什么呢？

8

阅读对心灵的重要，谁都晓得；然而，请不要把它看作终点。请不要放弃写作。10年了，20年了，30年了，你不能总是一个读者，你不能始终把自己定为读者，你也可以成为那个作者。一个有着作者梦的读者才是伟大的读者，才是完整的读者。这种完整是阅读人格的完整，也是精彩人生的完整。

写写读读，写读之间，那不是我下半辈子可以想见的生活，那是我下半辈子可以遇见的生活。

写在前面

2013年3月,《小学语文教师》刊了《管建刚和他的阅读教学革命》。

2013年5月,《小学语文教师》刊了《"管建刚和他的阅读教学革命"大讨论》。

2013年6月,《小学语文教师》刊了《"管建刚和他的阅读教学革命"再讨论》。

2013年9月,就此话题,《教学月刊》开了专刊,争鸣了一年。全国多家小语杂志,或参与此话题的讨论,或刊发此话题下的课例、思考。同年,人大复印资料《小学语文教与学》,以"管建刚的教改探索"为题,作了专题的转载。

两年过去了,我以此小书,作途中的交代。

亲爱的读者,阅读前,我想就本书的由来及主要观点,作一阅读提示:

第一，2007年7月，《小学语文教师》作了《管建刚和他的作文教学革命》的报道。这次的《管建刚和他的阅读教学革命》，题目上，有延续性。作文教学，或真有点革命性；阅读教学，冠以"革命"，自觉汗颜。作文教学，先有《我的作文教学革命》的书，后有《管建刚和他的作文教学革命》的报道。这次，先有《管建刚和他的阅读教学革命》的报道，后有书，书名沿用了报道名。

第二，所谓的"阅读教学革命"，提出了一个概念，"指向写作的阅读课"。指向写作的阅读课，不是否认其他的阅读课，也不是只顾作文、排斥阅读。指向写作的阅读课，首先是"阅读"，其次是"指向写作"，"指向写作"也必须通过"阅读"。指向内容的阅读，指向情感的阅读，指向道德的阅读，一年级到四年级，四年时间，学生能有"文章写什么"的阅读思维了。指向写作的阅读课，要培育学生另一种阅读思维，"文章怎么写"的阅读思维；要在学生原有的只关注"文章写什么"的阅读思维里，注入"文章怎么写"的专业的阅读思维。

第三，指向写作的阅读课认为，语文课堂里的学生的阅读，跟生活中的消遣性阅读、工作中的信息化阅读、日常的闲散性阅读，有着本质区别。语文课堂里的学生，专门来学习语文，学习专业的阅读。"内容人人看得见，含义只有有心人得知，而形式对大多数人来说，永远是个秘密"，"文章写什么"的阅读，具有普遍性、普适性，只要识字，谁都会。"文章怎么写"的阅读，才有专业性。

第四，指向写作的阅读课认为，作文是语文的重中之重。一方面在于课标的"写作能力是语文素养的综合体现"的界定；另一方面，各行各业的人群中，缺的不是阅读能力，而是写作能力。语文老师缺的，也不是阅读能力，而是写作能力。学校布置暑假作业，写一篇论文，或读一本管建刚的书，选哪个？恭喜你，选了后者。全国的语文老师普遍怕写作，我们的语文教学究竟出了什么大问题?

第五,指向写作的阅读课,强调工具性,强调语用,这跟重视人文性不矛盾。人文性的对立面不是工具性。人文性的对立面是"伪人文性"。人文性不只属于语文,所有学科都要充满人文性,人文性属于教育,人文性属于每个教师。

第六,妻在看《长恨歌》,说,看人家王安忆,你差太远了。我半路出家,半吊子水平。然而还是期望您,不只关注本书的内容,还能关注它的结构,它的语言。若您只关注了内容,我也不奇怪,我们欠下这一课。

书中观点,一家之言。

每个人所走的语文的路不同,看到的语文的风景不同。沿着各自的季节,发各自的芽,开各自的花,语文人的幸运,语文人的幸福。

第一部分

指向写作：回答5个疑问

1. 就是"指向表达"吗？

表达，有"书面表达"和"口头表达"。"指向表达"来得中庸，别人抓不住把柄；"指向写作"，容易叫人说三道四，好像你管建刚研究作文教学，才把作文教学看得死重、死重。只好用课标来辩解，"写作能力是语文素养的综合体现"。阅读是输入，光吃不下蛋，不算好母鸡。看了书，能吐出来，才算真本事。有人不同意，课标的话，不表示其他能力不重要，好比说"管建刚是个好人"，不表示其他人是坏人。

苏教版第9册，有巴甫洛夫的名言，"观察，观察，再观察"。学生大笑，这也是名言，我也有，"学习，学习，再学习"。好多话，要看什么地方说，由谁来说。毛主席说"向雷锋同志学习"，不表示就不用学别的人了，然而，"向雷锋同志学习"的价值和意义，却是学别的人无法取代的。"管建刚是个好人"，写进中华人民共和国的党章，那就不是简单的"好人"了，也不是别的"好人"所能比的了。

语文是座三层小楼，一楼是识字，二楼是阅读，三楼是写作。会阅读自会识字；会写作自会阅读。一楼看二楼，仰起头，脖子酸；二楼看一楼，登高俯视，很容易。三楼看二楼，也是这理。语文的其他能力，都能在作文中，或多或少地体现。要提高学生的语文素养，就要牵语文素养的牛鼻绳——作文能力。

我一万个同意，口头交际很重要。然而，口语交际能力的训练，要由语文教学来承担，那至少是偏的。课标讲"口语交际"，"教学活动主要应在具体的交际情境中进行。努力选择贴近生活的话题，采用灵活的形式组织教学，不必过多传授口语交际知识。鼓励学生在各科教学活动以及日常生活中锻炼口语交际能力"，口语交际不是一门语文学科能做好的，放语文学科里，相对妥当些罢了。培养口语交际能力，不应成为阅读教学的重要任务，至多渗透、植入；并且，这个"渗透""植入"，各门学科都可以。只要有心，课堂生活也好，日常生活也罢，凡张嘴说话的地方，都是口语交际的练兵场。

书面表达、口头表达，不是一回事。很多文笔了得的作家，并不怎么会说。叶圣陶先生便是之一。那不是我说的。朱自清先生说，我们几个人，每争论到叶圣陶的观点，叶圣陶总操着浓重的苏州口音说，我不跟你们争，我争不过你们的。叶老也承认，自己写得好，说得不好。后来，有人就叶老的"怎么说就怎么写"，提出疑问。叶老说，我不能做到说、写一样好，不能写得好也说得好，不代表别人也不能。这个"辩解"有点"狡"。叶圣陶也做不到的事，还有几个人能做到？既如此，那便不属于普遍规律，不能作为普遍要求去要求学生。

口语交际要整到阅读教学中去，从"书面语"学"口语"，不说荒谬，至少牵强。村上大妈不识字，我就怕遇上她，我不开口，她也能跟你聊个半晌。倒是读书不少的人，时常沉默寡言，如管建刚。**口语的表达方式和书面语的表达方式，有相通，更有不通。"不通"，才是其本质所在。口语表达的智慧，在于它的现场性、交互性、即时性，这些，书面语没有。**我的演讲能力不是看书看来的，而是听别人的演讲听来的。我不知道锤子手机好不好使，我买了。老罗的演讲，我听了多次，得了不少营养。作为答谢，我要买老罗的锤子。刘良华戏说，我怵管建刚听，他坐前排，一眼不眨地盯着你，别人哈哈大笑，他一脸严肃，一动不动。我不笑，我忙着琢磨，这里为什么安排这么个段子，这个段子怎么出来的？出来后怎么就有这效果？

一场精彩的演讲，不等于一篇精彩的文章。演讲实录整理下来，要发表，还得花不少文字上的功夫，会"说"的人、有机会"说"的人，意思用嘴巴"说"出去了，言说欲满足了，往往就懒得写了。除非，有文秘帮他整理。这也不只我说，陈忠实先生也这么说。

指向表达，很多人不愿惹事的挡箭牌吧。"指向表达"的阅读教学，指向的几乎都是"写作"。我丢掉挡箭牌，不是不怕被人当靶子：总要有人当靶子，射箭人的本领才会高起来，对不对？

2. 就是"读写结合"吗？

"指向写作"的阅读课，不等于传统的"读写结合"。

第一，"读写结合"的"写"，大都是理解内容的一种形式。"写"为"读"服务。**指向写作的阅读课，倒过来，"读"为"写"服务，内容理解是基础工作，理解写作上的奥秘才是重点工作。**如，苏教版第8册的《第一朵杏花》，文中有一段竺可桢和小孩的对话——

是谁喊得这么急？他赶忙走出书房，一看，就是前院的那个孩子。

"什么事情啊?"

"竺爷爷,杏花开啦!"

"什么时候?"

"刚才。"

"是第一朵吗?"

"是。"

对话省略了提示语。M老师请学生添提示语,以此来体会竺爷爷和小孩的心情:

竺爷爷笑了,问:"什么事情啊?"

小孩一见竺爷爷,兴奋地喊道:"竺爷爷,杏花开啦!"

竺爷爷俯下身子,亲切地问:"什么时候?"

小孩眨着两只快活的眼睛,说:"刚才。"

竺爷爷习惯性地追问了一句:"是第一朵吗?"

小孩肯定地点了点头,说:"是。"

提示语添得好不好,跟理解得对不对、深不深,密切关联。"写"的目的,促进内容的理解。真正的写作,有感而发,写自己的笑、自己的哭、自己的闹、自己的叫。上面的"写",长此下去,学生的写作意识、写作观念,会发生严重的偏差。

指向写作的阅读课,怎么想,怎么教?

《第一朵杏花》写了两次杏花的开放。第一次,竺爷爷和小孩的对话,提示语花了心思,如"孩子有些奇怪""竺爷爷补充了一句",提示语在后;"说着,竺爷爷弯下腰,习惯地问",提示语在中间。第二次,省略提示语,不是作者不会写,而是故意不写。

"我有用处,明年你可要留心点",一年后,小孩完成了竺爷爷的任务,何等兴奋、急切。竺爷爷呢,多年来,一直没得到第一朵杏花开放的精确时间，这次意外收获，也急切、兴奋。省略提示语，对话急促、急切，此处无字胜有字。

M老师所做的，仅是内容的理解，仅是基础性工作，指向写作的阅读课，要再往前走一步：大家会添提示语，作者不会吗？作者为什么不写呢？

不写的奥秘，才是真奥秘。不杀这个回马枪，学生理解了内容，误解了写作。

第二，"读写结合"的"写"，大都指"动笔写"。有些地方规定，一篇课文必须有一次动笔，否则不算好课。指向写作的阅读课，重在写作意识的培育，写作知识、技巧的渗透，如篇的意识、篇的路径、段的意识、段的方式、线索意识、读者意识、剪裁意识、剪裁路径等；**指向写作的阅读课，旨在学生原有的阅读思维之上，增添一种新的阅读思维，关注作者的"怎么写"的阅读思维，而不在于马上动笔"写"。**

苏教版第8册的《九色鹿》，结尾"国王很惭愧"，惭愧的国王会想什么呢？要求学生写。而真正的写作奥秘在于，作者为什么留下空白？为什么不写"国王的惭愧"。人教版第11册的《穷人》，穷人桑娜一家生活困窘，依然抱孤儿回家。她不敢告诉丈夫，只能旁敲侧击。丈夫答应后，结尾"'你瞧，他们在这儿啦。'桑娜拉开了蚊帐"。课后思考题，要学生续写。续写，语文老师眼里的"读写结合"，却不是我们眼里的"指向写作的阅读课"。课文的精彩在于作者的"戛然而止"，再往下写，120％的狗尾续貂，写作上的奥秘，糟蹋了。

第三，"读写结合"强调的"写"，大都为"写"而"写"。"读写结合"的教材研读，着力点在"写的内容"，而不是探寻文中的、适合学生的写法。指向写作的阅读课，着力点在"写的奥秘"，所揭示的写作知识、写作技法，与课文息息相关。"写的内容"和"写的奥秘"能合在一处，一箭双雕，那是最好。一箭射不到两只雕，指向写作的阅读课，要"写的奥秘"。

我的课上，学生不大动笔写。"怀孕"这个词很有意思。"怀"上，可以很短促；"孕"，非得有段时间，谁都逃不了。**阅读课里的"指向写作"，主要是"怀上"；至于"用"，不强求，允许学生有一段"孕"的时间，"孕"后，才能生产。**写作意识、写作技能，种到心里，某天写东西，不期然地蹦出来，那叫"水到渠成"，那叫"活用"。刚怀上，就巴望着生产，心烦意躁，只能剖腹产。作文上的技巧、意识，要在今后的作文中"不期然"地"化用"；内化，要时间，要时机。课上教的，马上要化到血液里、骨髓里，愿望是好，却不现实。

第四，指向写作的阅读课，重篇感、段感。一次，请速记公司整理演讲稿，两三万字，一个段落也不分。公司的小伙也乐了，说，管老师，演讲中，你也没说"此处另起一节"啊。口语和书面语，两大重要区别：一、书面语简洁，口语啰嗦，可以重复，很少有人不重复、不啰嗦的，那在书面语，一个不能容忍的坏毛病。二、口语不分段，没有篇感；写作文，要分段，要有篇感。儿童作文在篇构、段构上，几乎处于原生态。

当下学生的阅读力不错，社会上少有"阅读培训班"，便是例证。社会上的"作文培训班"，一个接一个冒出来，生意还很不错，足见学校作文教学的悲催。有人说，语文教学不是培养作家的。若作家们都说，我的写作成长跟语文教学、语文老师没什么关联，身为语文老师，又有什么脸面说这样的话。你可以呼喊"语文教学不是培养作家的"，那他是不是可以呼喊"语文教学不是培养朗诵家的"，我是不是可以呼喊"语文教学不是培养书法家的"，如此下去，社会上的作家、朗诵家、书法家，都说我们跟语文教学是没有关系的，身为语文老师的我们，又该怎么去面对？语文老师的你，有书法专长，就该理直气壮地说，我想要培养书法家；语文老师的你，朗诵水平高，就该理直气壮地说，我就是想要培养朗诵家；语文老师的你，写作能力强，就该理直气壮地说，我希望能培养出小作家。

阅读教学要培养一般的阅读者，然而停留于一般的阅读者，不够，还要培养专业的阅读者，具有创造性的阅读者。语文不能永远培养读者，语文还要培养作者。近读《王老师谈课堂作文教学》，每次作文前，王有声老师找来与本次作文相匹配的课文，从学生的作文需求出发，展开"指向写作"的教学。我看到了指向写作的阅读课的原型。我原以为，指向写作的阅读课，走得有点远了，却只在前辈的肩上，往前跨了一小步。

3.会少了"语文味"吗？

指向写作的阅读课，旁人的第一反应，过于强调工具性，忽视了人文性，会少了"语文味"。大多老师心里的语文味，美好的意境，情感的熏陶，唯美的朗读，落泪的感动。语文味，真的就"这些"吗？

《爱之链》（苏教版第11册）中的主人公乔伊下岗了，回家路上，他帮一老妇人修车，车修好，老妇人问乔伊，要给他多少钱。乔伊说不要钱，你去帮助需要帮助的人，就行。老妇人去小饭店吃饭。女店主快生孩子了，还在忙碌。老妇人留下了一笔钱。女店主正是乔伊的妻子。内容上，六年级的孩子能读懂。写作上，读懂的人就不多了。

文中有这么一段话：

乔伊扣上那车的后备箱时，老妇人摇下车窗，满脸感激地告诉他说，她在这个荒无人烟的地方已经等了一个多小时了，她又冷又怕，几乎完全绝望了。老妇人一边打开钱包一边问："我该给你多少钱？"

老妇人有两个地方说话了，前一个地方，作者使用了转述句，后一个地方，作者用了直接的说话句。语文老师经常让学生做题：说话句改为转述句，转述句改为说话句。为啥要做？奥秘就在这段话里。改为：

乔伊扣上那车的后备箱时，老妇人摇下车窗，满脸感激地告诉他说："我在这个荒无人烟的地方已经等了一个多小时了，我又冷又怕，几乎完全绝望了。"老妇人一边打开钱包一边问："我该给你多少钱？"

意思不变，变了什么？第二次的说话，不突出了，淡化了。原文，老妇人的第一次说话，作者用转述句，淡化它，从而突出后面的"我该给你多少钱"。为什么要突出？联系前文，乔伊下岗了，需要钱；联系下文，老婆快生孩子了，需要钱。老妇人主动要给乔伊钱，"我该给你多少钱"，对乔伊而言，无疑是心灵的考验，要突出。

这，不也充满了"语文味"？这才是真正的"语文味"。周文叶先生说，"理解"和"运用"是个整体，"理解"也适用于写作教学，"运用"更是阅读教学的重中之重。"理解"最主要的、最关键的是理解文本、作者如何运用语言文字，而不是别的什么东西。

苏教版第9册的《陶校长的演讲》，文末总结句：

如果我们每天都这样地问问自己，这样地激励和鞭策自己，我们就一定能在身体健康、学问进修、工作效能、道德品格各方面有长足的进步。

由此可知，陶校长演讲的四个方面，身体健康、学问进修、工作效能、道德品格。

总结句里的四个内容的顺序，一定会跟文章的顺序一致，请看：

第一问，自己的身体有没有进步？有，进步了多少？为什么要这样问？因为……

第二问，自己的学问有没有进步？有，进步了多少？为什么要这样问？因为……

第三问，自己担任的工作有没有进步？有，进步了多少？为什么要这样问？因为……

第四问,自己的道德有没有进步?有,进步了多少?为什么要这样问?因为……

身体健康,第一个讲,"健康是生命之本""否则,一切都将是空的"。道德品格也重要,"道德是做人的根本",根本一坏,全完了,为何末一个讲?

哦,演讲,第一个内容,大家听得认真;最后一个内容,也认真。重要的内容,陶校长放"第一"和"最后",有道理。

能不能换个序,第一讲"道德品格",末讲"身体健康"?不能。开篇讲"道德品格",会坏了听者的兴趣。首讲"身体健康",接地气,听者的耳朵会竖起来。

"语文味"窄化为"情感味""道德味",与语文老师多是班主任有关。从今往后50年,数学老师必须当班主任,数学老师就是当班主任的命。10年后,你去听数学课,也会充满了"情感味""道德味"。人文性不只属于语文。人文性是所有学科、所有老师的属性。数学老师首先是老师,其次才是教数学的老师;英语老师首先是老师,其次才是教英语的老师;美术老师首先是老师,其次才是教美术的老师……数学课本该有"情感味""道德味",音乐课本该有"情感味""道德味",综合课本该有"情感味""道德味",一切的教育都该有"情感味""道德味"。亲其师、信其道,"亲",即"情感味","道",即"道德味"。

"情感味""道德味"不是语文的专业属性。正如王尚文先生说,其他课程的教师是为了了解它说了什么——呈现了什么事实、传播了什么知识、表述了什么观念等等,即课文的言语内容;而我们语文教师出于培养学生理解与运用语言文字的能力这一独特目的,就必须关注课文"怎么说",必须侧重课文的言语形式。

什么是"语文味"?关于"课文的言语形式",关注课文的写作奥秘,即是。

"从我国语文独立设科以来的百年历史来看,还没有哪个阶段的语文教育水平已经高到需要批判语文的工具性的程度,脱离或忽略语言工具性特点的语文课,都不是真正意义上的语文课",倪文锦先生的话使我确信,指向写作的阅读课,不只有"语文味",还是真正的"语文味"。

4. 会导致机械、枯燥吗?

指向写作的阅读课,课堂容易枯燥吗?

课堂枯燥不枯燥,学生喜不喜欢,根本点不在于你教什么,而在于你怎么教。指向内容的阅读课,学生无精打采的,多了去。一篇感人肺腑的课文,甲老师上,学生泪眼蒙眬;乙老师上,学生眼巴巴地看墙上的钟,恨那钟怎么还不到下课的点。也有课文,A老师说,太没味道了,怎么教啊。如此没味道的课文,B老师那里,小手林立,小眼发光,小脸通红。教材教法,光听名字,就有多枯燥。我们却很巴望陈老师的"教材教法"课,大教室里,一个半小时,转眼没了。一个人风趣不风趣,幽默不幽默,跟他的工作好玩不好玩、喜欢不喜欢那工作,没太大关系。幽默的人,什么事儿,到了他手里,都是好玩的。无趣的人,什么好玩的事儿,到他嘴里,干巴巴的,一点味儿也没有。好玩不好玩,想不想听,甚至不在于你讲的东西,正确的还是错误的。希特勒就是。这家伙往大街上一站,凭着他天才般的演讲,那么多人被他忽悠,跟着他一起反人类。

指向写作的阅读课,容易走向机械吗?

数学课更容易机械训练,可你听数学名家的课,活泼的、有趣的、好玩的。奥林匹克数学,多深奥,多抽象。王老师教奥数,孩子们都说,奥数很有趣,很好玩,不枯燥。哦,机械训练跟你所教的学科、所教的内容也没什么关系。而在于你的教学理念、教学方式。朗读训练,书声琅琅,不会机械吧?有些老师的朗读训练,很死板,很机械,动不动"把你的感情送到你的朗读中去""你能读得再美一点吗""谁能读得更好一点",学生不知道怎么把感情送到朗读里去,也不知道怎样才算美一点,不明就里地逼着嗓子,拿腔捏调。听课人的喉咙里,仿佛塞了块半生不熟的老肥肉。**什么是"机械训练"? 缺少过程的训练,盯着结果的训练,学生遇到学习的障碍,不知道怎么为学生搭桥铺路的训练。**指向写作的阅读课,比起传统的阅读课,更容易陷入机械训练。朗读训练,于永正、贾志敏、支玉恒等,都有不少经验,留心学来,总有招儿可救用。指向写作的阅读课,怎么上?如何展开?能借鉴的,少。

电视、电影、视频上的字幕,要阅读;QQ、微信、网络上的字,要阅读;商场的宣传、广告以及商品的包装、说明书,要阅读。生活提醒着、要求着学生,须具备读懂内容的能力。读懂内容的阅读练习,无处不在。课文,内容的理解,真不难。课上,你问些已知或莫名的题,学生自然枯燥,恹恹欲睡。

指向写作的阅读,给学生打开一个全新的阅读视角,一片全新的阅读风景。《钱学森》(苏教版第11册)的开头:

1955年10月1日清晨,广阔无垠的太平洋上,一艘巨轮正劈波斩浪驶往香港。一位四十来岁的中年人,迈着稳健的步伐踏上甲板。阵阵海风不时掠过他那宽大的前额。眺望着水天一色的远方,他屈指一算,已经在海上航行15天了。想到前方就是自己魂牵梦绕的祖国,他多么希望脚下不是轮船的甲板,而是火箭的舱壁啊!他,就是世界著名的科学家钱学森。

《轮椅上的霍金》(苏教版第11册)的开头:

他在轮椅上坐了40年,全身只有三根手指会动,演讲和答问只能通过语音合成器来实现。然而,他撰写的科普著作《时间简史》在全世界拥有无数的读者。

他就是"宇宙之王"史蒂芬·霍金。

"他，就是世界著名的科学家钱学森""他就是'宇宙之王'史蒂芬·霍金"，两句相似；前句，能否像后句那样，独立为一节？大多学生认为可以。作者为什么不。教室里异常安静，一种丰富的安静，思维挑战的安静，内在的活跃的安静。《轮椅上的霍金》的下文，写"宇宙之王"的由来，故要强调；《钱学森》的下文，并非写其科学成就，而是爱国，故不宜突出、强调。学生自己发现，或点拨后发现，**那种发现的喜悦，智力挑战的喜悦，溢于言表。指向写作的阅读课，时常有此类未知的发现。**

以活跃的、热闹的标准来看，指向写作的阅读课，不够生动，不够吸人眼球。这也启示我们，指向写作的阅读课，要寻找更多好玩的方式，力求课堂活跃些，再活跃些，既有内在的活跃，也有外在的活跃。指向写作的阅读课，不是老师一味地"讲"，学生要历经思考、推理、碰撞、冲突，常用手法有：（1）试错。作者没写的，故意让学生写，追问"作者为什么不写"。或作者写了，老师删去，追问"作者为什么要写，不写不也通吗"。（2）对比。出示原文与老师的改文，学生判断、选择。（3）类比。抽象的写作手法与生活中的相似形象、事件比较。（4）矛盾。设置矛盾，引发学生强烈震荡。（5）还原。还原故事中该有的情节，追问，作者为什么如此剪裁等等。（6）辨认。同一写作知识，出现在不同文本里，学生要能辨认，要能从外在的文字，看到内在的手法。

太仓实验小学的倪建斌老师，教苏教版第5册的《石头书》，指向写作的"点"，落在说话句。三年级的学生兴趣盎然，欲罢不能。

（1）说话句为什么要提示语呢？

倪老师删了说话句的提示语，分角色读。其他同学边听边喊："错了，错了，第三句话，川川和磊磊一起说的。"倪老师追问理由。学生说，书上写着"他俩看了看面前这块光秃秃的石头,感到很奇怪","他俩,说明要一起读",从而引出了提示语的重要性。

(2) 生活中的说话为什么不要提示语?

倪老师拿着同学的文具盒,问"你的文具盒哪里买的",学生作答后,倪老师问,刚才老师说话,要不要加提示语"倪老师拿着文具盒问"呢?学生笑着喊"不用不用,我们都看见倪老师在问",学生明白了,口头的话写成作文,没有了现场,只有用提示语,才能让读的人,分清谁在说话,说话有什么动作、表情。

(3) 提示语的位置为什么要变化?

倪老师用了个生动的类比:星期一,妈妈穿了新裙子,爸爸说,真美。星期二,妈妈又穿,爸爸说,很美;星期三,妈妈还穿,爸爸说,臭美;星期四、星期五、星期六,妈妈还穿,你和爸爸什么感觉?学生笑着说,不美了,天天穿不美了。哦,人都喜欢变化,写作文也一样,写提示语也一样。

你看,写作上的奥秘,倪老师不生硬地搬出来,学生自然有滋味。

5. 就是"讲评"课文吗?

时有学生说,管老师,我最喜欢上作文讲评课。我就想,为什么阅读课不能像讲评课那样呢?指向写作的阅读课,的确受了讲评课的影响,然而真做起来,不是一回事。

第一,作后讲评课,用学生作文;指向写作的阅读课,用课文。学生作文的奥秘,大都浅显,好在哪里,孬在哪里,一眼能看出。课文不是。好的作品,根枝外露的,少。《黄山奇松》,迎客松写了3句话,陪客松写了1句话,送客松写了2句话,有人说,那叫详略得当。那为什么迎客松详、其他两棵略呢？有人说，迎客松名气最响。那为什么陪客松只有1句、送客松有2句呢？反复研读，哦，迎客松写了"地位奇"，另两棵没写，它俩没这地位，不用写。迎客松、送客松都写了"姿态"，陪客松直直的，直挺挺的树，大家都见过，不用写。哦，作者考虑了"什么地方不用写"。三棵松树的名字由来，都写了，"迎客—陪客—送客"，一条龙服务，一个都不能少。哦，作者考虑了"什么地方必须要写"。学生作文，字数乃头等大事，往往不大考虑"什么地方不用写"，这，就是很好的指向写作的"点"。

第二，作后讲评课的朗读，指向写作的阅读课的朗读，也不一样。讲评课的朗读，主要目的在于，小作者听到全班同学读他写的话，喜悦，兴奋，自豪。很多时候，小作者不用读，就听同学读他的句子的声音，看大家读他的句子的羡慕嫉妒恨的表情。指向写作的阅读课，朗读肩负着正音，朗读能力的巩固性使用，感受语言的精彩，感受写作奥秘。讲评课上，出示学生的作文或语段，不存在理解上的问题，学生也不用巩固性使用理解能力、理解方法；指向写作的阅读课，要巩固性使用中年段习得的理解能力、理解方法。

第三，学生作文是伙伴语言、伙伴文本，学生作文里挖掘出的写法、训练点，呈现了，学生看了，不大有理解的问题，接受的问题，学生会跃跃欲试，"他能写出来，我努力一把，也能写出来""哼，我要比他写得更好"。**指向写作的阅读课，老师发现了写作上的训练点，不能像讲评课那样直接呈现，要将这个"点"还到文本中去，装作不知道，带着学生去探究，去发现，学生历经一个探索的过程，学生看不出、发现不了，老师假装看到了，推门，露出一条缝，让阳光照进来。学生循着光线往前走，终于恍然。**

苏教版第12册的《烟台的海》，冬天的烟台的海，约200字；春天的烟台的海，约 140 字；夏天的烟台的海，约 200 字；秋天的烟台的海，约 140 字。四个段落，长、短、长、短。哦，写作，要经营段落的长短。老师不能直说。不妨请学生估算段落的字数，想不到，那就读板书"约 200""约 140"，有学生明白了。春、夏、秋、冬，四季之序。夏、秋、冬、春，也是序。《烟台的海》，冬、春、夏、秋，也是序。哦，有学生思考了，课文为什么以"冬"开篇？探究的过程，绝不能省略。也因此，指向写作的"点"，不宜多，多了展不开。

小学课文大都改编过，改编过的课文没原文好，教哪个？原文的读者不是小学生，改编后的读者，才是。教改编后的课文还是原文？从编者的角度，不难回答。当然，每一位语文老师那里，都有个性化理解，你找你的理由，我找我的依据，没标准答案，谈不上谁对谁错。

怎样的指向写作的"点"，才是好的，不好说，说不上来。文章之法，没有高低。你说"黑虎掏心"好，还是"白虎掏心"好？不好说，打倒对手，即好拳。学生作文需要，好；学生不需要，学生领会不了，不好。不注意故事的分配，不注意故事的长短，不注意故事的内在关联，小学生写人作文的通病。《理想的风筝》恰有此指向写作的点。课例出来，有人拍手，有人拍砖，我没多大波澜，学生受益，就好，反之，不好。

总体而言，指向写作的阅读课，作文味重了点。有什么不可以的呢。**阅读课，上得有点作文的味道；作文课，上得有点阅读的味道。姓"读"或姓"写"，孩子长得像爹或像妈，没关系，亲生的就好，姓"语"就好。**

第二部分

指向写作：防止 5 种误读

1. 不是所有的年级都"指向写作"

低、中、高的阅读课，所研制的教学内容，应有较大的区别。这个，低年级的阅读课；那个，中年级的阅读课，闭上眼，一听即明。不是老师的语气、语调儿童化一点，方式、方法多一点，而是教学内容本身，有很大的不同。

我们以为，低年段主要指向"朗读"和"写字"，中年段主要指向"朗读"和"理解"，高年段主要指向"默读"和"写作"。低年级的朗读没抓好，读书没个样子，拿腔捏调，停顿划一，呆板无生气，中年级想改变，怎一个"难"字了得。低年级的字没抓好，握笔姿势不正确，书写习惯不好，若非痛下决心，改变的可能性，很小。学科能力的获得，也有关键期。错失了关键期，后期付出数倍的代价，也难换来当初稍加留意，就能有的成效。

低年级的阅读课，也有要理解的，理解了，读起来更入味；有的时候，也要说写法。二年级小朋友读不懂《青蛙看海》，他分不清文中的对话，谁说的。文中，"提示语在前""提示语在后""提示语在中间""省略提示语"，四种写法全有了，这个不讲，会有同学一团雾水，不知所云。然而，内容的理解、写法的理解，不应成为低年级的教学重点。低年级学生，多用整体来学习，朗读是整体感知的重要手段。中年级也会斟酌字词句，却不用成为中年段的教学重点。我和我的团队也对三四年级的课文，进行指向写作的教学研究和实践，只是个案，只是尝试。

低年级，两年的朗读训练到位，中年级的朗读稍加注意，学生就入情入味，省出的时间，可以用到"理解"上来。问题是，阅读中的理解能力，中年级两年时间，够吗？

"阅读理解是个筐，什么题目都能往里面装"，阅读题五花八门、层出不穷：（1）看拼音写词语；（2）写近义词、反义词；（3）填关联词语；（4）组词；（5）填标点符号；（6）解释词语；（7）给短文加题目；（8）仿照文中句式写话；（9）找出文中某一段话中的错别字；（10）根据文中句子选合适的词语；（11）说说文中开头或结尾等的写作方法；（12）把文中带问号的句子改成不带问号的句子；（13）把文中不带问号的句子改成带问号的句子；（14）把文中的某句说话句改成转述句；（15）写出几个如文中 ABAB 之类的成语；（16）文中所举的名著，你能写出它们的作者吗？（17）诸葛亮复姓"诸葛"，你能再写出几个复姓吗？（18）短文是《三国演义》中的一个故事，你能再写出两个故事的名称吗？（19）画出文中的一句过渡句；（20）请你想象一下，接下来会发生什么事……

跟出题的人"斗"题型，你永远斗不过。跟出题目的人"玩"躲猫猫，他在暗处，你在明处，输的只能是你。要练扎实阅读理解的基本功。基本功扎实了，有了火眼金睛，不怕他频繁地换马甲。小学的阅读理解的基本功究竟有哪些？(1) 概括的能力和方法；(2) 联系上下文理解词句的能力和方法；(3) 联系生活谈理解的能力和方法；(4) 寻找关键句、关键词来理解的能力和方法；(5) 读懂言外之意的能力和方法。

五项，中年段四个学期，几乎一个学期练一项，你说够不够？

高年级，也要概括，也要联系上下文，也要寻找关键句、关键词，也要联系生活，也要读懂言外之意，但不是新授，而是巩固性使用。好比去驾校学车，那时开车是新手，老师要一步步地教，你要一步步地练，全神贯注，马虎不得，不然非挨骂不可。开车两三年了，边听新闻边开车，边聊天边开车，这时开车，巩固性使用，习惯性使用。花在理解内容上的时间少了，教学的重心转移到写作奥秘的探究上。

我明白，大家担心的，还是中年段的阅读理解能力。能力训练，怕三天打鱼、两天晒网，贵锲而不舍、持之以恒。概括能力，此文想到就练，彼文没想到就不练；此文的概括，从题目入手，彼文的概括，没什么切入点，不干；彼文的概括，人物关系入手，彼文的概括，又没主意了，随它。抓"关键句、关键词"理解，要由易到难，一步步、有层次地推进，然而教材并没有给你行这个方便。**因此，我期待的教材，低年级的选文以"朗读"为线，选择适合朗读的；中年级的选文以"理解能力和方法"为线，每个单元或每几个单元，都有一个明确的理解能力的训练、理解方法的习得；高年级的选文以"写作奥秘"为线，选文所呈现的结构上的特点，表达手法上的特点，非常清晰，适合高年级学生的作文现状。**

从"语文课"到"语文课程"，我们有了超越教材的尚方宝剑，敢不敢用，不是能力的问题，而是勇气。教育改革要底气，更要勇气。有了突破的勇气，才有突破的可能。

2. 不是所有的阅读课都"指向写作"

高年级，也不是所有的阅读课都指向写作。这不是自我否定，而是必要的清醒。

第一，古诗文不主张"指向写作"。（1）指向写作的阅读课，主攻白话文。小学课文里的白话文，内容理解上学生没什么问题。古诗文，内容上要搞明白，费时不少。（2）古诗文要精炼、凝练，学生作文要温饱，要字数；古诗文讲音韵，也高于学生现状。（3）选编古诗文，主在接触、了解、诵读、积累；也有古诗文，主在教做人、教做事，如苏教版的《古今贤文》。

第二，语文老师功力不足，导致无法"指向写作"。**我写不好现代诗，教学现代诗自然不能有效地指向写作。设若 A 老师，现代诗的写作高手，他教现代诗，定能从中发现很多的写作秘密，渐而找到高年级学生能接受的那些秘密。**《小学生小古文 100 篇》，不少老师拿来用，大都止于读读、讲讲、背背，创始人朱文君老师，带学生感受古文的节奏，学生用"之乎者也"，改白话为文言……老师有内功，小古文也能指向写作。2014 年，"新经典·小古文"课程项目组、《当代教育家》杂志社，发起了"全国首届小学生小古文仿写、创编大奖赛"。不指向写作，小学生不可能写出小古文。而你要管建刚教小古文，也指向写作。我应不下。

第三，的确适合道德教育、价值观教育的课文，不妨指向内容。人文关怀、道德关怀，每个老师的事；人文性、道德性，日常的教育生活里。文以载道，有的课文的内容、意义，对学生当下的思想、认识，确有很好的价值。《少年王冕》，写王冕的孝顺、好学。孝在哪里？（1）让母亲"安心"。母亲说没钱供王冕读书，王冕说在学堂里闷得慌，不如帮人家放牛快活。王冕的话，"安"母亲的"心"，孝。（2）让母亲"放心"。母亲要王冕处处小心，早出晚归，王冕一一答应，"白天在秦家放牛，晚上回家陪伴母亲"。不让母亲担忧，孝。（3）让母亲"暖心"。"遇上秦家煮些腌鱼腊肉，他总舍不得吃，用荷叶包了回家孝敬母亲"。王冕家穷，数月不闻肉味，常事。母亲吃着"腌鱼腊肉"，心里暖烘烘的。（4）让母亲"开心"。"春光明媚的时候，王冕就用一辆牛车载着母亲，到村上的湖边走走。母亲心里十分欢喜"，孝使然。孔子说，"身体发肤，受之父母，不敢毁伤，孝之始也。立身行道，扬名于后世，以显父母，孝之终也"。家境贫寒，10岁放牛，王冕刻苦自学，看书、写字、作画，母亲看在眼里，更安心，更放心，更暖心，更开心。至今，我教《少年王冕》，依然没指向写作，依然讲安心、放心、暖心、开心。如今的孩子，太需要"孝"的教育了。

第四，为学生提供信息、方法的课文，也不宜指向写作。如，苏教版第9册的《精读与略读》《读书莫放"拦路虎"》，意在学生能于日后读书，运用"精读"和"略读"，注意扫除"拦路虎"。

第五，当然，绝大多数的白话文，都可以、都有必要指向写作。名家名篇，痕迹不多，然仔细查看，亦有蛛丝马迹。苏教版的《船长》，即人教版的《"诺曼底"遇难记》，整体把握课文，理解船长的崇高人格，高年级学生不难，教学的重心移到写法上，如文中的省略提示语的对话——

就在这时，船长威严的声音压倒了一切呼号和嘈杂，黑暗中人们听到一段简短有力的对话：

"洛克机械师在哪儿？"

"船长叫我吗？"

"炉子怎么样了？"

"被海水淹了。"

"火呢？"

"灭了。"

"机器怎样？"

"停了。"

为什么不写提示语？必须不写：急切、紧张，尽在省略之中。

最后第二节，有这么一段——

船长哈尔威屹立在舰桥上，一个手势也没有做，一句话也没有说，随着轮船一起沉入了深渊。人们透过阴森可怖的薄雾，凝视着这尊黑色的雕像徐徐沉入大海。

船长抱着必死的决心，一个手势也没有做，一句话也没有说，获救的人们呢，大副呢，克莱芒呢，肯定有话，哭喊着劝船长："你不要那么傻，留得青山在，不怕没柴烧！""船长，规定是死的，人是活的，况且，这又不是你的过错！""船长，你就不想想你的妻子、孩子吗？""船长，跟我们一起走吧！"雨果为何不写？写了，阴森、肃穆，破坏了，船长那冷静到冷酷的形象，淡化了。

《船长》拍成电影，会有劝解的镜头吗？我猜有。文章不写，电影和写作的表现手法、表达奥秘，又有不同。

3．"指向写作"不是不要意思的理解

没有一种学习，不要理解文本的意思。做数学题也要，而你不能说，意思的理解是解数学题的核心能力，数学题字面的意思，跟它所要训练的推理能力、解决实际问题的能力，不是一回事。数学题，一时不懂，读几遍，意思把握住了；实在不懂，老师轻点，学生也明白了。

读课文，理解课文的意思，要；不理解课文的内容，怎么去理解课文

怎么写的？我只是说，理解白话文的意思，没有你想象中的难，没必要花那么多的时间和精力。意思的理解，对于识字的人来讲，那几乎是自然反应。看电视剧，边上不用站个人解释，意思的理解有先天性。没有一部电影，很好看，很感人，却要配个解说员。

读下的文字，好比吃下的食物，十有八九，不用按摩你的胃，也不用吃健胃消食片。胃，天然地有消化功能。吃下的东西消化不了，要么吃错东西，要么胃有毛病。六年级的学生读六年级的课文，四年级的学生读四年级的课文，二年级的学生读二年级的课文，又是白话文，意思理解不难。中考，6门功课640分，阿弟考了236，其中的36分，估计判断题、选择题蒙对的。只好上班摸车床。摸了几年，成了小师傅；摸了几年，成了中师傅；摸了几年，成了大师傅，心思活了，自己干。自己干，真活了。有闲了，装斯文，看报纸了。怎么看？翻一下，扫几眼，不好看，翻过去。哪个吸引他，看上三五分钟，过了。几次三番，几次三番，我终于忍不住，问：阿弟，你看得懂吗？阿弟甩报纸，大怒：哥，我连报纸都看不懂吗？！

我怎么不担心呢？一个初中没毕业的人，中考语文不满40分的人，我能不担心吗？而生活中的他，阅读报纸的意思、杂志的意思，真的没有障碍。**作者大都以普通读者为对象来写作的，写的时候，多以普通读者一读就懂为基本目标；专业论著，另当别论。教学将文本的意思复杂化了，复杂到了作者也想不到的地步。**凡要导演跑来解说才看得懂的电影，不是坏电影，就是不该这个年龄来看的电影；凡要老师苦口婆心讲解才看得懂的文章，不是坏文章，就是不该这个年龄来读的文章。22岁，我读《菜根谭》，没感觉。32岁读，爱不释手。书的内涵，没到那年龄、那阅历，强求也没用。意思的阅读，边上不用站个人絮絮叨叨，哪怕此人是专家、教授。

高年级要预习，课文读了两三遍，内容十有八九知道了。以读为主，就这理儿。小的时候，语文老师教《王二小》：故事发生在什么时间？王二小遇到了谁？他怎么做的？敌人把王二小怎么样了？八路军怎么样了？问与不问，没啥区别。到了高年级，看一篇适合年龄特点的课文，在意思理解上，跟看一部电视、电影，没什么本质区别。意思的理解，阅读的自然属性。多少年来，阅读的自然属性上，我们耗费太多，成效自然低。指向写作的阅读课，不是不要意思理解，而是取消那些不放心的、没必要的问。

内容上，有没有学生读不懂的？有。三种情形会读不懂文本的意思。第一，缺少相关的知识背景。如《船长》，哈尔威船长明明可以获救，偏偏选择"死"，背后有当时"船在人在，船亡人亡"的契约精神。第二，缺少相关的生活体验，心智没到那程度。你让三年级的孩子怎么理解"含情脉脉"？第三，遭遇新鲜的写法，如《船长》中的"面对死亡，他又一次运用了成为一名英雄的权力"。第一种情况，容易解决，出示资料或讲解，即可；第二种情况，往往无法解决，班上有同学早熟，理解了"含情脉脉"，环节看似顺畅了，实际呢，除了早熟的，其他人依然稀里糊涂；第三种情况，能解决而没有意识到要解决，即我所说的"指向写作"，理解作者写作上的奥秘。

理解写作上的奥秘，也会促进内容上的理解。苏教版第12册的《天游峰的扫路人》，两次写到扫路人的外貌，为什么分两次写？写作上的奥秘。第一次，以为是普通的扫路人，一般的外貌描写；第二次，言谈交流后，对老人刮目相看，细致的脸部描写。课文结尾："30年后，我照样请你喝茶。"说罢，老人朗声大笑，笑声惊动了竹丛中的一对宿鸟，它们扑棱棱地飞起来，又悄悄地落回原处。这充满自信、豁达开朗的笑声，一直伴随我回到住地。删去"笑声惊动了竹丛中的一对宿鸟，它们扑棱棱地飞起

23

来，又悄悄地落回原处",完全通顺,为什么要写"宿鸟"?鸟儿也舍不得好山好水,一如老人。写作奥秘的理解,推动了学生对意思的理解。**"怎么写"的基础是"写什么",反过来,理解了"怎么写",回头看"写什么",清晰了,恍然了。**"形式主义"这个中性词,冤屈成了贬义词,一讲"形式",就有"形式主义"的嫌疑。形式很重要,仪式很重要,"八礼四仪"很重要。

电子商务是我们的基础,但我们追求的不是电子商务。套用火星人马云的话,我说,意思理解是我们的基础,但我们追求的不是意思理解。课文内容的理解本身不是目的,理解的背后,站立着"为什么写""为什么这样写"。

4."指向写作"也不是不要情感、态度、价值观

指向写作的阅读课,不是不要人文性,不是不要情感、态度、价值观,而是理性地看待人文性,理性地看待文本里的情感、态度、价值观。

第一,人文,拆开解,"人"比"文"重要;老师这个"人",重于他手里的"文"。老师自身的情感、态度、价值观,胜于文中的情感、态度、价值观。情感、态度、价值观,友人、圈子、办公室、教研组,一切由"人"组成的身边的团体的影响,比书的力量要强大。办公室文化、教研组文化、教师社团文化,对老师的教育态度的影响,比苏霍姆林斯基的著作要强大,不然,发苏氏的书,老师都热爱教育了。升国旗,学生唱国歌,有气无力,你吆喝,响了一阵,又断气喇叭了。为什么?有几个老师在大声地、饱含激情地唱国歌?国旗下讲话,学生站没站相,小动作不断,你呵斥,管了前头,后头乱了,管了后头,前头闹了。为什么?有几个老师好好听的?这个发QQ,那个刷微信。升国旗,老师排成行、站成

列，老师嘹亮的歌声盖过学生，学生自会变化。

第二，不少老师所讲的态度、价值观，不是本身具备的，而是听课听来的，参考书看来的。"善"的对立面不是"恶"；"善"的对立面是"伪善"。《笑傲江湖》里的岳不群，比左冷禅、任我行可恶 100 倍。"人文性"的对立面也不是"工具性"，而是"伪人文性"。讲台上，老师慷慨地讲"孝"，背地里，老师不孝；讲台上，老师讲正能量，背地里，老师没啥正能量；讲台上，老师讲"意志力"，背地里，老师也没啥意志力。放眼当今，扪心自问，我们有多少老师打着"人文性"的旗号，做着"伪人文性"的事？真实的，接地气的，不拔高的，点到为止的情感态度价值观，背后的意义更为重要、重大。教学《船长》，我真诚地说，有各种理由，哈尔威船长可以不死，而他选择了有尊严的死，若我，我做不到。学生也真诚地说，我也做不到。我说，正因我们做不到，船长们才尤其可敬、可佩。

第三，好的文本，本能地具有侵蚀力。教师在情感、态度、价值观上，所用的力，越少，越说明文本的好，文本的妙。一篇课文，学生自个儿读，不掉眼泪；老师一教，掉眼泪了。那不是课文的力量，也不是语文的力量，而是煽情的力量，音乐的力量，视图的力量。情感、态度、价值观上，要老师花大力气的，文本的表现力、感染力，必有问题。

第四，我不否认阅读的潜移默化的教化功能。然而不要一厢情愿地夸大阅读的功能。"爱读书的孩子不会变坏"，它的欠妥性，正像"爱运动的人不会生病"，职业运动员大都不长寿。人的道德进步，本质在于自省。你可以在读书中自省，也可以在电视中自省，日常的点滴生活中自省。"见贤思齐、见不贤自省"，这个"见"，可以是生活中的"见"，也可以是书中的"见"。"见"不是根本；"自省"才是。人的社会，总有假、丑、恶。5000 年前，如此；5000 年后，也是。"见"什么不重要，重要的是你

"见"后,"思"了什么。见"丑",思"自己不能如此",对了;见"美",思"那人傻瓜,我才不",完了。见人闯红灯,思"我不",对了;见人闯红灯,思"我不闯傻",完了。

无线网络的普及,智能手机的普及,迎来了一个看视频和看书一样方便的时代,一个看歌剧和看书一样方便的时代,一个音乐会、歌剧、电影随身带、随身播的时代。书籍受到了严峻的挑战。电影《小时代》里的奢华,对青少年的腐蚀力,超过你的预料。电影、电视、视频,对人的情感、态度、价值观的影响,在今天,已经超过了书籍。昨天的柯达胶卷,今天只能破产;昨天的橡胶热水袋,面对电暖宝,只能破产。明天的3D打印,也将令许多自以为老大的产业破产。书籍也将面临这样的尴尬。

第五,有段时间,校园砍杀接二连三;有段时间,姑娘失踪接二连三。媒体报道那些事件,都在谴责犯罪分子。模仿犯罪学说,犯罪正是看了报道,下了作案的决心。一部反贪作品,有人读出了正义,有人记住行贿、笼络的招。读书,不在于书中有多少高尚的人,而在于读的人关注什么。关注什么,取决于骨子里有什么。鲁迅说《红楼梦》,经学家看见《易》,道学家看见淫,才子看见缠绵,革命家看见排满,流言家看见宫闱秘事……

"三岁看大,七岁看老",心理学家也认为,三岁到七岁,人格塑造的关键期,情感、态度、价值观的种子期。关键期的关键人,不是老师,而是父母。中国最失败的不是学校教育,而是家庭教育。年轻人结婚了,生了小宝宝,没一点教育学、儿童学、心理学的知识。有甚者,小宝宝丢给爷爷、奶奶,自个潇洒去。俞敏洪感叹,中国有50%的家长在竭尽全力爱孩子的同时,也在把孩子毁掉。

种子的力量是巨大的。有的时候,上面是块正义的石头,邪恶的种子也会将它掀翻。多年前我在村小,一个夜晚,我沿右道骑车,猛然,一个浑身黝黑的男孩，朝我撞来。我问男孩怎样了。男孩说，没事没事，管老师没事。他认识我。男孩的妈妈从后面赶来。问男孩疼不疼。男孩说"不疼"，那女人提高声调，喝问："到底疼不疼?!"男孩连忙蹲下，说"疼，疼"。那妇人要讹我。我认得她，有名的泼妇，也不纠缠，给钱了事。后来，那男孩进了少管所；后来的后来，一到 18 周岁，那男孩去了监狱。

情感、态度、价值观光扣语文的头上，不是道德的光荣，也不是语文的光荣。德育不是一个具体的工作，也不应由一个具体的人承担。香港老师被明确告知，不用做学生思想工作，全欧洲和美国，也是。不是他们不重视思想、意识形态，而是儿童的情感、态度、价值观，关乎整个社会，而不是学校、教师。承认教育的局限性，承认语文的局限性，不是消极，恰是清醒。

语文的工具性、人文性，三七开，可以；四六开，可以；二八开，也可以；六四开，可以；八二开，也可以。主张不同，流派不同，才精彩纷呈。指向写作的阅读课，偏重于工具性，课标说"工具性与人文性的统一"，工具性在前，人文性在后，此间的顺序，或非无意之举。

5. "指向写作"的阅读课不能取代作文教学

学校扎扎实实地做课外阅读，学生读了不少书；看五年前毕业班的作文，再看现在毕业班的作文，没啥两样啊。教导主任疑惑了，为什么读了那么多，学生的作文没变化？

看几十年的书，不一定能写出一本书，正如看了几十年电视的你，不能拍出一部电视剧。"熟读唐诗三百首，不会作诗也会吟"，现在的你，背熟 300 首唐诗，"不会作诗"几乎是必然的结果。

大导演张艺谋爱看《潜伏》，巧了，管建刚也爱看《潜伏》。《潜伏》

吸引我管建刚的，跟吸引张艺谋的，是同一个地方吗？摄影家解海龙先生，不知道吧，没关系，你一定看过他的作品，希望工程的大眼睛系列，解先生拍的。解先生看摄影展，跟管建刚这个外行去看，关注的是一个东西吗？当然不是。我看那孩子的眼，那么大，那么亮，多好学。解先生们呢，看光线，看构图，看门道。我看热闹。作为书法家的尉天池看书法展，跟你去看书法展，也大不同。张艺谋、解海龙、尉天池们的"看"，内容是附带的，张艺谋会看电影怎么"拍"出来的，解海龙看照片怎么"拍"出来的，尉天池看字怎么"写"出来的。有了专业的"阅读思维"，阅读就会发生"质"的变化。**语文课堂里学语文的学生，他们的阅读和一般的阅读有着根本的区别。一般人的阅读，可以是浏览性阅读、消遣性阅读、娱乐性阅读、信息性阅读，语文课上的阅读则是专业性阅读，语文课上的学生是专门来学语文的。而语文的最核心、最综合的素养就是写作。**

　　指向写作的阅读思维，学生最欠缺的阅读思维。此阅读思维一旦形成，学生的阅读品质会发生"质"的变化，教导主任的困惑也就迎刃而解。《城市商报》的记者王小兵，采访我的作文教学。小兵说，管老师，阅读对作文的作用很大。我洗耳恭听。小兵摄影记者出身，刚进报社，他拍照，别人写文字。总编说人手紧，拍了照，小兵你自己写稿。没办法，小兵找来旧稿，看文字编辑怎么写的。半年后，总编说，小兵照拍得好，文字也不赖啊。小兵的阅读，指向写作的阅读。重读旧稿，小兵关注什么？关注怎么写出来的，文字怎么跟照片配的。

　　苏州大学的安子教授，钱仲联先生的关门弟子。安子的博士论文，钱老要求用文言。安子说，我抄钱老的文言稿，边抄边琢磨，怎么用词、怎么用之乎者也，怎么反问，怎么强化语气……安子的抄读，指向写作的阅读。每一个写好作文的人，几乎都在有意无意中，闯进了指向写作的阅读世界。叶圣陶先生说，"我以为，阅读教学教好了，就不必搞什么作文教学了"。怎样才算"阅读教学教好了"？必须"指向写作"。不"指向写作"，不去看写作的奥秘，怎么可能写好作文呢？

"从前我看文学作品，摄引注意力的是一般人所说的内容。如果它所写的思想或情境本身引人入胜，我便觉得它好，根本不注意它的语言文字如何，反正语文是过河的桥，过了河，桥的好坏就不用管了"，朱光潜先生反思自己，阅读上的不专业，走了弯路，"近年来我的习惯几已完全改过。一篇文学作品到了手，我第一步就留心它的语文。如果它在这方面有毛病，我对它的情感就冷淡了好些；我并非要求美丽的词藻，存心装饰的文章令我嫌恶；我所要求的是语文的精确妥帖，心里所要说的与手里所要写出来的完全一致，不含糊，也不夸张，最适当的字句安排在最适当的位置"。

——简单来说，先前，朱先生关注内容；后来，朱先生关注表达。**语文课上的学生，读书要有两只眼睛，一只眼睛看"写什么"，一只眼睛看"怎么写"。指向写作的阅读课，重在练学生的第二只眼睛。**有了成效，是否真的可以如叶老说的，"不必搞什么作文教学了"？不是。指向写作的阅读课，不能解决作文的所有问题。

（1）无法解决学生的作文动力。唤醒学生的写作动力，作文教学最重要的事。让学生有持续的写的动力，就是最好的作文教学。它需要一整套的激励机制。指向写作的阅读课，做不到。有兴趣的读者，不妨参阅拙作《我的作文教学革命》。（2）无法给学生以正确的好作文观。指向写作的阅读课，学生可获取专业的阅读思维，阅读中领悟写作的秘妙，往后的写作中，不期然地使用秘妙。这，并不表示学生能写出真正的好作文。课文，成人所写，儿童得到的，什么是好的成人作文；学生必须要知道什么是真正的好儿童作文。真正的作文是用自己的话写自己的事。什么是"自己的事"，什么是"自己的话"，读者若有兴趣，可参见《"自己的话"写

"自己的事"》(2015年第2期《人民教育》)。(3)学生有了作文动力,懂了什么是真正的好作文,也写出了不错的作文,作文教学还要做什么?作后讲评。讲评,以学生作文为文本;指向写作的阅读课,以课文为文本,两者无法替换。

多年来,作文是阅读的附庸品,作文向阅读靠,靠不靠得上,作文的问题。作文之难,高于阅读,阅读有必要向作文靠呀。指向写作的阅读课,换了"靠"的方向,开启新的征程,谋求贯通读写的新路。

第三部分

指向写作：把握 5 个要点

1. 再"简单"的课文也值得教

A 老师说，小学里的课文，这么简单，有什么好教的。指向内容，此感慨发得好，发得对。指向写作，非也。你倒写一篇"这么简单"的，编进教材去？

杨红樱的作品，没什么难懂的，简单。然而，人家杨红樱靠马小跳，成为了亿万富婆，你倒试试？**内容的简单，不等于写的简单；正像儿童文学，不等于简单。指向写作，再简单的课文，也有不简单的一面。**小学二年级的课文《狐假虎威》，指向内容，三年级的学生说，简单；指向写作，六年级的学生惊呼，不简单哪。

（1）课文的 4 个说话句，有 3 种说话句的形式。

狡猾的狐狸眼珠子骨碌一转，扯着嗓子问老虎："你敢吃我？"

"为什么不敢？"老虎一愣。

"老天爷派我来管你们百兽，你吃了我，就是违抗了老天爷的命令。我看你有多大的胆子！"

简单的对话，六年级学生也要睁大眼的、写作上的奥秘：

①第一句，提示语在前；第二句，提示语在后；第三句，省略提示语；说话句各自独立为一节。学生作文，说话句的提示语，只知道在前，不知道在后，更不知道，什么时候该省略。按理，老虎"一愣"后，才问"为什么不敢"。作者故意把"老虎一愣"放后，与上句的"你敢吃我"，连接紧凑。

②第一句的提示语，不是简单地一个"问"，融入了眼神，"眼珠子骨碌一转"，音量，"扯着嗓子"；第二句的提示语，用老虎的神情，省了表示"说"的字词。

以上，六年级学生作文普遍缺失的。以往的阅读教学很少把"这些"作为重点，学生的阅读思维从未触及，写起来，自然想不到。而这些，你一点，学生就恍然。高年级学生，有两三年的作文经历了，心里的说不清、道不明的困惑，指向写作的阅读能化解。

（2）为什么这里要留"空白点"？

"狡猾的狐狸眼珠子骨碌一转"，请学生联系下文，猜，狐狸想了什么。学生答，狐狸想，我假装说，我是老天派来管百兽的，老虎一定不信，那我就带他到百兽面前去，看百兽怎样地怕我。百兽不怕我，但只要看到我身后的老虎，一定会吓得屁滚尿流，老虎就相信我的话了，不敢吃我了。

指向内容，到此为止。指向写作，再往前走一步：狐狸想的，作者为什么一字不写？学生作文，"眼珠子骨碌一转"的后面，往往会写出狐狸的想法。课文没写，避免跟后面重复，部分六年级学生思考后，能答出来。追问，心里的想法出现在前面，后面的事出现在心里想法的后面，写心里想法，省略后面的事，也不重复了嘛。

前后重复，学生知道不好。避免重复，省略哪部分，学生不大考虑。省略心里想法，慢慢展开狐狸的计划，充满未知，引人入胜。好故事，不只讲出内容，还要能吸引人。

（3）为什么这里的对话不写？

野猪、小鹿、兔子，见狐狸大摇大摆的，会说点什么吧。见狐狸身后有老虎，会喊点什么吧。小鹿、小兔们的话，作者一句也不写，哦，配角的话，能不写就不写；写，也是为了突出主角。

（4）语言的节奏。

"狐狸神气活现，摇头摆尾；老虎半信半疑，东张西望"，"狐狸"后面，2个四字成语；"老虎"后面，2个四字成语，特有节奏。如改为"狐狸神气活现，老虎半信半疑"，也对称，节奏感弱了。句中的"摇头摆尾"和后文的"大摇大摆"，意思相近，又避免了近距离重复。

苏教版的《狐假虎威》里，"森林里的野猪啦，小鹿啦，兔子啦，看见狐狸大摇大摆地走过来"，其中的"小鹿"能不能改为"梅花鹿"？不能，"野猪""兔子"都两字，顺口。

上海版的《狐假虎威》里，"森林里的猴子啦，野猪啦，小白兔啦，梅花鹿啦，看见狐狸大摇大摆地走过来"，为什么可以用"梅花鹿"？"野猪"两字，"小白兔""梅花鹿"都三字，先短后长，也舒服。

这些，六年级的学生也会目不转睛，饶有兴趣，会联系自己的作文经历，时有捅破窗户纸的光明感。

（5）为什么到此结束？

百兽吓跑了，狐狸会对老虎说什么？老虎明白中狐狸的计了吗？老虎会放了狐狸吗？后面的种种事儿，作者为什么不写了？哦，写故事，要懂哪里收尾，文章结束了，读者的心还在那里。

（6）"狡猾"改为"聪明"会怎样？

文中，"狡猾"只出现一次，即，"狡猾的狐狸眼珠子骨碌一转"。"狡猾"改为"聪明"，内涵全变了。哦，一个词可以改变一篇作文，一句话可以改变一篇作文。

指向内容，90%以上的，高年级学生都懂。指向写作，二年级的《狐假虎威》，六年级学生，90%不懂。写作上，学生跟《狐假虎威》的水平，差一大截呢。追问"怎么写出来的"，你就不会有 A 老师的感叹。

2.从"写什么"转向"怎么写"

多年来，阅读教学的重难点，天经地义地，理解课文内容。老师们备课，也以理解课文内容为重难点。字词的精当，安排小练笔，穿插性的、点缀性的，背后站着的，依然是内容理解。指向内容的阅读课，重点大多在体现思想感情的段落上。指向写作的阅读课，重点大多在体现写作奥秘的段落上。重难点上，两者有可能殊途同归，更有可能分道扬镳。

以苏教版第 11 册的《郑成功》为例，指向内容的阅读课，会如此折腾：郑成功的伟大功业在哪里？为什么说郑成功是民族英雄？哪些地方能看出郑军官兵的英勇？折腾了一小时，教材的选文，大多以学生自读两遍，基本能懂为标准，内容理解上，用不着这么折腾。

"民族英雄郑成功收复台湾、建设台湾的伟大功业，是我们永远也不会忘记的"，《郑成功》的总结句，巩固性使用"寻找关键句、关键词"的能力，学生很快明白了，课文写了"收复台湾""建设台湾"。"民族英雄"的概念，老师非讲不可，没有相关背景知识，不理解。官兵英勇在哪里，没必要问。你要追问，问来问去，心头的那点佩服都给你问没了，只剩下"英勇啊英勇，真××的英勇"。

该折腾的，在"怎么写"上。**高年级，指向写作的阅读课，老师有一个清晰的认识，教学的重点、难点，由原来的"写什么"，转向了"怎么写"。教学目标里，内容理解是基础性工作，辅助性工作；写作奥秘才是重点工作，难点工作。**由此，研读教材的视角、精力分配，发生了重要的变化。指向内容的《郑成功》，教学的重难点，在第五节，即"攻打台湾"。参考书说，本段描写细致，生动地写出了郑军官兵的英勇。天晓得，郑成功攻打台湾，费时八九个月，作者只用了211字，能叫"细致"？能叫"生动"？长期不从写的角度解读教材，胡言乱语的程度，无语。指向写作，《郑成功》的教学重难点变了，重点段落也变了，我落在了第三节"鼓舞士气"上。

（1）"收复台湾"，4个小节，巩固性使用概括能力，分别写了"鼓舞士气""操练水军""攻打台湾""欢庆胜利"。"鼓舞士气"，有一段对话：

郑成功指着东南方向问卫兵："那是什么地方？"卫兵说："是大海。""大海那边呢？"卫兵说："是宝岛台湾呀！"郑成功慷慨激昂地说："台湾自古以来就是中国的领土，绝不允许侵略者横行霸道。我们一定要收复祖国的宝岛台湾！"

卫兵的话，提示语太简单了，我出示改文：

郑成功指着东南方向问卫兵："那是什么地方？"卫兵赶忙立正，挺起胸膛，大声说："是大海。""大海那边呢？"卫兵盯着远方，心痛地说："是宝岛台湾呀！"郑成功慷慨激昂地说："台湾自古以来就是中国的领土，绝不允许侵略者横行霸道。我们一定要收复祖国的宝岛台湾！"

课文好？改文好？

课文好。要突出郑成功，而不是士兵。改文，士兵比郑成功更爱国了。不是所有人的提示语，都要写生动、写具体，要看突出谁。

（2）"鼓舞士气"有5个说话句，说话句可以独立为一节呀，改为：

郑成功指着东南方向问卫兵："那是什么地方？"

卫兵说："是大海。"

"大海那边呢？"

卫兵说："是宝岛台湾呀！"

郑成功慷慨激昂地说："台湾自古以来就是中国的领土，绝不允许侵略者横行霸道。我们一定要收复祖国的宝岛台湾！"

行不？

联系下文，"操练水军""攻打台湾""欢庆胜利"，都只一节；"鼓舞士气"不能分节，每个内容都是一节，便于读者的理解。

（3）"欢庆胜利"中，"听说""喜出望外""慰劳""要见""表示谢意"可看出，很多人说了很多话。作者为何不让"人"开口？

内容上，此处非重点；写了，喧宾夺主。

"鼓舞士气"，也不是内容上的重点，为何写对话？学生石化。这说明，这个指向写作的"点"，有价值。——鼓舞士气，一般都用"话"来"鼓"，非写不可。

语文课上的阅读，有点像看魔术，魔术表演了什么，看一眼明白了，魔术怎么表演出来的，叫人感佩不已；又有点像老师观课，上了什么，容易明白，课的背后的东西，才是宝贝。

学习的吸引力，来自未知。文字背后的"怎么写"，一条鲜为人知的秘道，由此进入，时有阅读的新鲜和欣喜。

3. 从"字词句"转向"段与篇"

"指向写作"的阅读课，表面看，钻研了课文里的写作奥秘；背后的冰山，则是钻研了学生的作文状况，学生作文缺什么，要什么。

学生最缺的，不是语言。语言积累不只书本，语言积累和生活同步，耳的阅读无处不在。遣词造句，嘴上说，日常用，时有琢磨。**学生作文，缺段感和篇感，这玩意，口头练不到，阅读不关注，学生无从下手，下了手也没个样子。好比造房子，积累好了钢筋、水泥、砖头，你若以为，有了这些，便能造出漂亮的小别墅，那就太幼稚了。**指向写作的阅读课，教学重难点转向了"怎么写"；"怎么写"，也从"字词句"转向了"段与篇"。小别墅造什么样，毫无建筑知识的你，去别墅区看了一幢又一幢，看了几十幢，也能勾出个样儿来。学生读文，一篇又一篇，一两年下来，几十个"篇"装心里了，几十个"段"装心里了，作文，也能勾出个样儿来。

苏教版第12册，《理想的风筝》，我这样进行"篇"的教学。

（1）分组快读第四、五节，概括出"讲故事""写板书"；分组快读第八、九节，概括出"放风筝""追风筝"。哦，写人作文，大多用故事来写。我追问："课上"两件事，"课余"两件事，都是"两件"，巧合？不是。

（2）"讲故事"14行，"写板书"7行，"放风筝"11行，"追风筝"7行。故事一，去掉刘老师的3行外貌，"讲故事"约11行。有意思了：4个故事，11行、7行、11行、7行，一长一短，一长一短，长得差不多长，短的差不多短，巧合？不是。

（3）题目"理想的风筝"，"放风筝""追风筝"自然要写，为什么要写"讲故事""写板书"？"讲故事""写板书"与"放风筝""追风筝"，有内在的关联，都道出了刘老师的乐观、顽强。

（4）"课上"那两个故事，前面有一段写景；"课余"那两个故事，前面也有一段写景，哦，写景，串起不同时区的故事。开头的写景，两节；后面的写景，一节。开头的两节，能否合为一节？不可以，合在一起，开头太重。分出一句"春天又到了"，开头轻巧了，一个"又"字，意味深长。

苏教版第9册，《滴水穿石的启示》的第三节，我这样教"段"：

（1）第三节，太长了，分为两节，怎么分？简单，李时珍、爱迪生、齐白石的三个例子，一节；后面的小结，一节。

（2）第三节，分为四节，怎么分？简单，三人的例子，再各自为一节。

（3）第三节，分为五节，怎么分？学生难倒了。齐白石后的省略号，单列一节。学生"哦"出了声。

（4）若你写《滴水穿石的启示》，原文的第三节，分为一节，还是四节、五节？不少学生选四节、五节。错了。分了四节、五节，整篇文章，第一节最长，头重脚轻；后文的反面例子写一节，第三节的正面例子也写一节，方便阅读。分段，要瞻前顾后。

（5）《滴水穿石的启示》，有四个部分，提出观点、正面例子、反面例子、得出结论，若删去反面例子，原文的第三节，你写几节？有说一节，有说四节、五节。一般地，要分多节，"篇"的结构变了，"段"也要跟着变。以后，每一节都比第一节短，不妨添些内容，比第一节长些。

苏教版第10册的《水》，"我"生活在一个缺水的地方，却不写缺水的苦，写了两件乐事，"雨中洗澡""一勺水'洗澡'"。我教详略——

（1）两次"洗澡"，哪一次的人多，哪一次的时间长，哪一次的场面大，哪一次发生的事儿多？雨中洗澡。

（2）"雨中洗澡""一勺水'洗澡'"，各写了多少行。"雨中洗澡"才7行，"一勺水'洗澡'"要11行。

（3）"雨中洗澡"的人多、时间长、场面大、事儿多，为什么反而"一勺水'洗澡'"写得长呢？矛盾让学生张大了耳朵。写作文，不是有话则长、无话则短，最能凸显中心的，哪怕才一瞬间，也要写得很长。

作文要成文，就要考虑先后，考虑主次，考虑结构。**"篇感"教学、"段感"教学的缺失，导致学生无法成"文"，课标只好降低身段，只要"习作"，不用作"文"，不用成"文"。**这是委曲求全的颓废之举。根子在于，**阅读教学老在"字词句"上打转转，不转向"篇与段"。**

指向"篇感""段感"的阅读课，教学内容很不少：

（1）故事不等于作文。作文小于事情，《我不是最弱小的》《穷人》，课文结束了，故事没完，意犹未尽；作文大于事情，《苹果里的五角星》《山谷中的谜底》，故事早结束了，文章还往下写，写所感、所思。

（2）悬念。有的故事本身有悬念，顺着故事写，悬念产生了。有的故事本身没悬念，作者用技术写出了悬念，《会走路的树》《爱之链》，都是。《会走路的树》《爱之链》属于大悬念，《宋庆龄故居的樟树》的前三节，《给予是快乐的》的第四、五节，属于小悬念。

（3）对比。《林冲棒打洪教头》，林冲和洪教头的对比；《夹竹桃》，夹竹桃和其他花的对比；《迎接绿色》，没丝瓜、有丝瓜的对比。

（4）段落匀称。主要段落的字数，差不多，《小镇的早晨》的第一、二、三节。主要段落的间隔性的匀称，《烟台的海》第二节和第四节、第三节和第五节，《理想的风筝》的"讲故事"和"放风筝"，"写板书"和"追风筝"。

（5）相似句。《云雀的心愿》《小镇的早晨》《陶校长的演讲》，主要段落的起始句，用了相似句或相似句群。

（6）类比。《读书莫放"拦路虎"》，读书遇到的障碍，比成"拦路虎"。这写法，很管用，爸爸无所不知，类比成百度；妈妈凶，类比成老虎、火山；同学跑得快，类比成"刘翔""火箭"。

（7）曲折感。《半截蜡烛》《彭德怀和他的大黑骡子》，一波三折。抓住故事的曲折点，重要的篇构技巧。

(8) 借物写人。《宋庆龄故居的樟树》，初看，写树；细看，写人。写人，可用故事来写，也可用"物"来写，新颖、新鲜。《只拣儿童多处行》里的海棠花、《早》里的腊梅花，都是。

(9) 侧面描写。《黄河的主人》，明写羊皮筏子和乘客，暗写艄公。《最后的姿势》，也是。

(10) 点面结合。《大江保卫战》，第二节写"面"，第三节写"点"。点面结合，分化出"点＋面""面＋点＋面""点＋面＋点""点＋面＋点＋面"等多种。

呼应如《推敲》，倒叙如《钱学森》，明线暗线如《记金华的双龙洞》……

4. 从"朗读为主"转向"默读为主"

指向写作的阅读课，要快速把握全文的内容、主旨，要思考内在的写作奥秘，默读，便成为最经常、最重要的阅读方式。指向写作的阅读课，要由以往的"朗读为主""默读为辅"，渐转为"默读为主""朗读为辅"。

"要让学生充分地读，在读中整体感知，在读中有所感悟，在读中培养语感，在读中受到情感的熏陶"，读的重要性，语文老师耳熟能详。然而，语文老师大都窄化了"读"，脑子里只剩下朗读，指名读、小组读、齐读、男生读、女生读、分角色读、引读……书声琅琅，声浪四起，一浪高过一浪，"风声，雨声，读书声，声声入耳"，热闹之中，我们实在忘了另一种重要的"读"，不出声的"读"。

叶圣陶先生说，什么是教育？简单一句话，要养成良好的习惯。生活中的"读"的习惯，99％是默读。地铁上，飞机上，家里，单位，看电子书也好，纸质书也好，鲜有人放声朗读，轻声读也少之又少。**学数学，要**

阅读；学历史，要阅读；学音乐，要阅读，99％的默读。常识告诉我们，通常所说的"提高阅读能力"，指的是默读能力。终生学习的时代，离开了学校的学习，几乎全靠默读。语文学科的工具性，主要以"默读"的方式呈现；学生的未来的语文生活，也主要以"默读"的方式呈现。

小学里，对朗读的重视，刚好凸显对默读的漠视。课程标准的错吗？不是。课程标准对朗读各学段的要求如下：第一学段（1、2年级），对朗读的要求：学习用普通话正确、流利、有感情地朗读课文。第二学段（3、4年级）对朗读的要求：用普通话正确、流利、有感情地朗读课文。第三学段（5、6年级）对朗读的要求：能用普通话正确、流利、有感情地朗读课文。第四学段（7、8、9年级），对朗读的要求：能用普通话正确、流利、有感情地朗读。

第二学段到第三学段，朗读的要求的变化，只是"用"和"能用"的细微差别。第三学段和第四学段，则一点变化也没有。朗读的要求，从低到高，越来越弱化。而默读的要求，则刚好相反，请看：第一学段（1、2年级），对默读的要求：学习默读，做到不出声，不指读。第二学段（3、4年级），对默读的要求：初步学会默读。能对课文中不理解的地方提出疑问。第三学段（5、6年级），对默读的要求：默读有一定的速度，默读一般读物每分钟不少于300字。第四学段（7、8、9年级），对默读的要求：养成默读习惯，有一定的速度，阅读一般的现代文每分钟不少于500字。

小学太过重视朗读，原因一，矫枉过正的必然。八九十年代，为纠正"繁琐分析"，强化朗读，朗读既是手段又是目的，朗读既是过程又是结果。当时当情，对的。今天还这样，不与时俱进了。原因二，朗读训练的惯性使然。朗读对初学者的重要性，不言而喻。低中年级，朗读为主；朗读了四年，高年级没回过神来，回不过神来。原因三，朗读的功能夸大了。时有名师说，朗读好了，语文不会差。朗读的语气、语调，好比演员的文艺表演，与人的禀赋有关。吴同学、谢同学，班上的朗读高手，作文水平、语文成绩，都靠后。原因四，公开课惹的祸。公开课上，最怕冷场，能朗读的，绝不默读。近来，我的公开课，朗读加重了。那不是我放弃观点，而是公开课上，你只能那么做。小孩怕两样东西，"黑"和"静"。默读，哪怕听课的人安静，学生也怕。我的家常课，朗读成分要少得多。原因五，朗读便于管理。默读，听不着，看不见，摸不着底了；朗读，听得见，看得着——看学生的嘴皮动不动，学生有可能"小和尚念经"，心头也是个安慰。原因六，老师们会错了意。如《朗读手册》的风行，不少老师一知半解，以为要强化朗读练习。

教人先去"骄惰"二字，为学不外"敬静"二字。没有了"静"，终究到不了青草的深处。**指向写作的阅读课，要潜心静读，要凝神静思，要会意静写，要有思维品质的读，这些，都要求"默读"的到来。除了指向写作的阅读课的需求，高年级，课文越来越长，默读，也是学习长文的必然需要**。"朗读为主"转为"默读为主"，要有一个过渡期、适应期。"期"要多久，因生而定，因师而定。"朗读为主"转向"默读为主"，不是不要朗读。只是朗读的比重下降，默读的比重上升。也有例外。诗歌、诗词，饱含深情、朗朗上口的课文，也以朗读为主。"朗读为主"也好，"默读为主"也好，都还是"以读为主"。

附带一说，出版业、传媒业越来越发达，阅读速度也越来越重要。中国学生的阅读速度普遍地慢。为何？学生不会真正的默读。默读的时候，嘴上不出声，心里还跟着发声，心里还有跟着出声阅读的冲动。学生从小要求出声朗读、大声朗读，习惯的力量太强悍了，以至于不出声阅读，它仍然存在。只有打破它，默读的速度才会大提升。就生活阅读来讲，朗读是默读的拐杖，扔得越晚，依赖性越强。

5. 从"以文定教"到"以学定教"

什么是"以文定教"？写作特色的分析，它基于课文和作者，作者的写作风格是什么，写作特色是什么，写作上的最大亮点是什么，它的主角是作者。

指向写作的阅读课，它基于学生，学生作文不知道提示语位置变化的妙用，于是有了《变色龙》的"指向写作"的教学内容；学生作文常由着性子写，不大考虑顺序，不大考虑前后内容跟总结句的关联，于是有了《陶校长的演讲》的指向写作的教学内容；学生作文不知道抓故事的曲折点，形不成"一波三折"，于是有了《半截蜡烛》的指向写作的教学内容。指向写作的阅读课，主角是学生，"以学定教"。

学生的作文写到什么程度，决定了指向写作的阅读课，写作上的"点"挖什么，挖到什么程度。一篇课文，写作上的"点"有很多，这阶段学生用不着，不教。学生日常的作文已经在用了，也不教。学生跳一下能摘到的，不一定要教；摘了吃下去，吃了不拉肚子，教。不了解学生，不了解作文教学，很难选好指向写作的教学内容。

不少语文老师，没有作文知识系统、没有作文训练系统、没有作文实践系统，脑子里少有学生写作文的事儿，也没有学生作文上的一个个病症。即便有，也很笼统，没有对话、没有动作、没有想法、没有场面，或总分结构、详略得当、事例典型、点面结合、前后呼应的大路货。他们不接受指向写作的阅读课，实际是接受不了指向写作的阅读课。

苏教版第10册的《暖流》，可以教"场面"，江主席和同学们一起背书的场面；可以教"对话"，江主席和同学之间的对话，我最终选择了以下两点：

校图书馆二楼北阅览室，是同学们常常来看书的地方。这一天，王辉早早地来了，他怎么也没有想到几十分钟以后，会接受江主席对他的"考试"。

图书馆里，有很多同学，为什么作者只写王辉一个，而对其他同学一字不提？后文主要写江主席和王辉的故事。这就是选择，选择有关的人物来写，无关的，一笔带过或不写。

江主席走到阅览室的尽头，又转过身来笑着问王辉："你知道宋词和元曲有什么区别吗？"王辉作了详细的回答，江主席听了频频点头。他再一次向大家鼓掌致意，然后满意地离开了阅览室。

"王辉作了详细的回答"，说明王辉说了很多话。而文中，王辉作了怎样的回答，作者一字未提。哦，主角是江主席，而不是王辉。主角的话要写；配角的话，省略。课文最后一节，为什么又写"王辉激动地说：'江主席是学工程的，没想到他对古典文学如此熟悉，我真打心眼里佩服他！'"哦，表面看，写王辉的话，实际呢，话里的对象还是江主席。

为什么选这两点？学生作文，选择了故事却不懂故事如何取舍；学生知道作文要让"故事中的人开口说话"，却不太明白怎样取舍人物的对话。

学生作文中存在的较为突出的、典型的问题，正是指向写作的阅读课要关注、渗透、解决的。指向写作的"点"，要教到学生的心坎上，前提是了解学生的作文状况。学生作文常见的问题，了然于胸，回头看课文，里头自然有"该这么写""不该那么写"。如此指向写作，自能到学生要的"点"上去。苏教版第9册的《水》，第三节的过渡，很精彩。我舍弃了，学生够不着。我选了适合学生的第五节：特写。特写怎么写出来的？作文里的时间怎么放慢的？作文里的时间怎么停下来的？学生要，学起来欣喜、兴奋。

"写作特色"的分析，可以统一，可以有定论，可以拿评论家的观点。

指向写作的阅读课，它的教学内容无法统一，没有定论。不同的班级、不同的学生、不同的作文状况，所需的也不一样。不同的老师，不同的眼光，看到的也不一样。苏教版第 11 册的《月光启蒙》，有的老师可能围绕"月光"做文章，文中多处写"月光"和"月光下的母亲"，也有老师会抓"不长五谷、却长歌谣""小院里飘满了她那芳香的音韵"等语句。我呢，文中写母亲"唱歌谣、唱童谣、讲故事、猜谜语"，作者例举了歌谣、童谣、谜语，唯独"故事"，只写了名称、没有展开，为什么？学生反应过来，《嫦娥奔月》《牛郎织女》的故事，读者都略知一二，哦，写作文要考虑读者，读者知道的不要写；读者不知道、感兴趣的，要写。再读歌谣、童谣、谜语，很有节奏、押韵，《嫦娥奔月》《牛郎织女》的故事，语言没有节奏，不押韵、不风趣，与歌谣、童谣、谜语的风格，不统一。为什么选这个"点"？上次，搜集资料写作文，资料拼在一起，好了；学生不考虑，资料的风格不同，放一起，很不协调。

指向写作的阅读课，不能上成写作特色的分析，那不是枯燥不枯燥的问题，而是小学来讲，写作特色的分析很难进行。**绝大多数的作者，写作的时候并没有考虑到文章要给小学生看。编者收入进来，往往做了改动，以适合小学生。改动，降低了学生内容理解的难度，也有意无意地、切合了学生作文的需要。改编后的课文，已经不是作者的写作特色，而是作为教材的写作特色了。**苏教版第 12 册的《理想的风筝》，课文的段落结构和原文的段落结构，很不一样。原文的段落结构，更洒脱，更灵动。然而，作为教材的段落结构，比原文更适合小学生。适合，才是最好的。改编后的《理想的风筝》，几个故事的段落长短上的呼应和对称，小学生作文忽略的；几个故事的内在关联，小学生作文忽视的。选择这些，是基于学生的作文状况，而不是作者的写作特色。

再次重申，写作特色的分析，极有可能是一种外在的强加；"指向写作"的阅读课，学生要有一个阅读中探索、探索中发现的过程，从而形成一种新的阅读思维，专业的阅读思维，这种思维跟指向内容的阅读思维，形成重要的互补。

第四部分

指向写作：解读 5 篇课文

1. 如是解读《变色龙》[①]

文后要求，根据"发现变色龙""端详变色龙""放回变色龙"分段。同理，用"外形""捕食""变色"，给"端详变色龙"分层。至此，内容、脉络，一清二楚了。

指向写作的教学点，至少有：

（1）关于题目。

写"变色龙"，题目"变色龙"，有误导。以后，学生写"小狗"，题目"小狗"，写"小鸡"，题目"小鸡"，写"管老师"，题目"管老师"，糟了。

---

① 苏教版第 9 册，《变色龙》。

写什么题目叫什么，两种情况允许，写新鲜物，写大人物。《变色龙》属前者。《海伦·凯勒》属后者。

（2）关于外形。

这条变色龙全身翠绿。椭圆形的头上长着三角形的嘴，两眼凸起，凶相毕露。身躯呈长筒状，隆起的背部酷似龟背，腹部两侧长着四只短脚，尾巴尖细。

"头—嘴—眼—身躯—背部—腹部—四只短脚—尾巴"，从上到下；写外形，要有顺序。

写小动物，大多要外形。小鸡、小狗，读者熟悉，外形不用写"两侧各有一只耳朵""长着四条腿"，只要写与众不同的。

（3）关于过渡。

从"外形"到"捕食"，说话句"变色龙如此迟钝，如何捕捉食物呢"，过渡。

从"捕食"到"变色"，说话句"变色龙真的会变色吗"，过渡。

用问话过渡，巧妙。

（4）关于特写。

这时，一只色彩缤纷的蝴蝶飞过来，离变色龙还有相当的距离，似睡非睡的变色龙，以迅雷不及掩耳之势，"刷"地伸出它那长得惊人的舌头——舌头的长度超过它身长的一倍，刹那间，那只彩蝶已被卷入它的口中，成为美餐。我们被它吓了一跳。

变色龙捕捉食物，只要 1/25 秒。此特写，读完，约 18 秒，捕捉时间的 450 倍。重要之处，文字要放慢，放慢 10 倍、100 倍、200 倍。怎么放慢？对比，"似睡非睡"与"迅雷不及掩耳"；插叙，变色龙的舌头。

（5）关于说话句。

①关于省略提示语。

"发现变色龙"里：

"啊呀！"小李的叫声震惊了寂静的田野。大家以为他碰上了毒蛇，急忙赶了过去。

"什么事？"

"刚才我采豆荚时，手碰到冷冰冰的东西，一看是条'怪蛇'，吓了一跳。"

"在哪里？"

两处省略了提示语。添上：

"啊呀！"小李的叫声震惊了寂静的田野。大家以为他碰上了毒蛇，急忙赶了过去。

"什么事？"<u>我问</u>。

"刚才我采豆荚时，手碰到冷冰冰的东西，一看是条'怪蛇'，吓了一跳。"

<u>另一个人问</u>："在哪里？"

书上的顺？添后的顺？书上的。省略了提示语，更能体现大家的关心。提示语，不瞎加，也不瞎省，省有省的奥妙。

一般来说，省略的提示语，读者联系上下文，能猜出谁说的。这里猜不出，可以吗？可以，谁说的<u>不重要</u>，没必要写，没必要知道。

"变色龙如此迟钝，如何捕捉食物呢""变色龙真的会变色呢"，谁问的，不知道，也不用知道。写了，不干净，反而不好。不信，你看：

"变色龙真的会变吗？"<u>其中一个人问道</u>。

"真的，不信，马上试试。"朋加沙抓起变色龙，先把它放在香蕉叶上，它的皮肤变成了香蕉叶色。

加了提示语，不顺，中间断了一下。

②关于提示语的位置。

上面的对话，第二句提示语，改在前：

"变色龙真的会变色吗？"

朋加沙说："真的，不信，马上试试。"他抓起变色龙，先把它放在香蕉叶上，它的皮肤变成了香蕉叶色。

不行，对话不紧凑了。提示语在后，"马上试试"，"试"得快。作文中，提示语在后，也往往多于"在前"。

"发现变色龙"里：

"在这里！"小李用手一指，豆藤上真的挂着一条绿莹莹的四脚小蛇，皮肤和豆叶一模一样，很难发现。这是条身长30厘米左右、似蛇非蛇的怪物。

"变色龙！变色龙！"中非工人一看就叫了起来。

第二句的提示语，改在前：

"在这里！"小李用手一指，豆藤上真的挂着一条绿莹莹的四脚小蛇，皮肤和豆叶一模一样，很难发现。这是条身长30厘米左右、似蛇非蛇的怪物。

中非工人一看就叫了起来："变色龙！变色龙！"

意思一样。

哪句里，中非工人更惊讶？提示语在后。提示语的位置，不瞎用。作文，要像作者那样，注意提示语的位置。

③关于转述句。

说话句，可写成带双引号的直接说话句，也可不带双引号。文尾：

朋加沙告诉我们，变色龙数量不多，难得碰到；于是我们将它放回了原始森林。

改为直接说话句：

朋加沙告诉我们："变色龙数量不多，难得碰到。"于是我们将它放回了原始森林。

意思一样。两种写法，可任选吗？不可以。

直接说话句用了双引号，强调、突出。第11节，朋加沙讲变色龙的捕食；第14节，朋加沙要试"变色"，都跟课文的主要内容相合，要用双引号。

结尾的话，跟主要内容没什么关系，改为转述，语气趋向平淡，自然结尾。

也有课文，结尾用直接说话句。如，苏教版第8册，《我不是最弱小的》的结尾：

萨沙朝着蔷薇丛走去。他掀起雨衣，盖在粉红的蔷薇花上。滂沱大雨已经冲掉了几片花瓣，花儿低垂着头，因为它娇嫩纤弱，毫无抵抗能力。

"现在我该不是最弱小的了吧，妈妈？"萨沙问道。

如，人教版第11册，《穷人》的结尾：

但桑娜坐着一动不动。

"你怎么啦？不愿意吗？你怎么啦，桑娜？"

"你瞧，他们在这里啦。"桑娜拉开了帐子。

这类结尾，"戛然而止"式，而非"自然结尾"式，可以。

（6）关于文体。

请看以下资料：

变色龙是爬行动物，主要分布在非洲大陆和马达加斯加，适合生活于树上。

变色龙体长约25厘米，身体侧扁，背部有脊椎，头上的枕部有钝三角形突起。四肢很长，指和趾合并分为相对的两组，前肢前三指形成内组，四、五指形成外组；后肢一、二趾形成内组，其他三趾形成外组。这样的特征，非常适于握住树枝。它的尾巴长，能缠卷树枝。

变色龙有很长很灵敏的舌头，伸出来要超过它的体长，舌尖上有腺体，能分泌大量粘液粘住昆虫。它的那双眼睛十分奇特，眼帘很厚，呈环形，两只眼球突出，左右180度，上下左右转动自如，左右眼可以各自单独活动，不协调一致，这种现象在动物中是罕见的。双眼各自分工，前后注视，既有利于捕食，又能及时发现后面的敌人。变色龙用长舌捕食是闪电式的，只需1/25秒便完成。

变色龙，它善于随环境的变化，随时改变自己身体的颜色。变色既有利于隐藏自己，又有利于捕捉猎物。变色这种生理变化，是在植物性神经系统的调控下，通过皮肤里的色素细胞的扩展或收缩来完成的。

此文，也介绍了变色龙的"外形""捕食""变色"。

学生喜欢哪一篇？课文。上文是说明文，课文是记叙文。写动物，可以讲故事。

以上内容太多，要选择。一般地，我选（5）和（6）两点。小学里，记叙文为主，写事为主，写人也往往用事。写事，说话句怎么写，很重要。文体意识，对比认识，拓展阅读，也很有意思。

2. 如是解读《莫高窟》[①]

"神佛"的"佛"、"惟妙惟肖"的"肖"，正音。

[①] 苏教版第9册，《莫高窟》。

课文里，关键词、关键句，特多。关键词，彩塑、壁画、藏经洞，全文要介绍的三大内容，抓住了。

"这些彩塑个性鲜明，神态各异""莫高窟不仅有精妙绝伦的彩塑，还有四万五千多平方米宏伟瑰丽的壁画"，段落总起句。

"莫高窟是举世闻名的艺术宝库，这里的每一尊彩塑、每一幅壁画，都是我国古代劳动人民智慧的结晶"，中心句。

抓住了"关键"，内容把握快。且去看写作上的奥秘。

（1）关于四字词语。

课文有很多的四字词语、成语，请看：

悬崖绝壁　个性鲜明　神态各异
慈眉善目　威风凛凛　强壮勇猛
侧身卧着　眼睛微闭　神态安详
惟妙惟肖　啧啧赞叹　精妙绝伦
宏伟瑰丽　丰富多彩　佛教故事
神佛形象　民间生活　自然风光

满满一大屏，学生读后，再出示：

引人注目　成百上千　臂挎花篮
采摘鲜花　怀抱琵琶　轻拨银弦
倒悬身子　自天而降　彩带飘拂
漫天遨游　舒展双臂　翩翩起舞
灿烂辉煌　艺术殿堂　腐败无能
举世闻名　艺术宝库

学生一定"哇"出了声。

四字词语，集中在二、三节。大量运用四字词语，文章简洁。课文为什么要简洁，等会儿讲。

（2）关于句子的对称。

文中对称的句子很多，请看：

有慈眉善目的菩萨，有威风凛凛的天王，还有强壮勇猛的力士。

转为以下格式，一目了然：

有慈眉善目的菩萨，

有威风凛凛的天王，

还有强壮勇猛的力士。

四字词语，上口；对称的语言，也上口。类似的句子，多呢：

有记录佛教故事的，有描绘神佛形象的，有反映民间生活的，还有描摹自然风光的。

转为一目了然的格式：

有记录佛教故事的，

有描绘神佛形象的，

有反映民间生活的，

还有描摹自然风光的。

再如——

壁画上的飞天，有的臂挎花篮，采摘鲜花；有的怀抱琵琶，轻拨银弦；有的倒悬身子，自天而降；有的彩带飘拂，漫天遨游；有的舒展双臂，翩翩起舞……

转为一目了然的格式：

壁画上的飞天，

有的臂挎花篮，采摘鲜花；

有的怀抱琵琶，轻拨银弦；

有的倒悬身子，自天而降；

有的彩带飘拂，漫天遨游；

有的舒展双臂，翩翩起舞……

"有的"后面，8个字，2组四字词语。

"莫高窟不仅有精妙绝伦的彩塑，还有四万五千多平方米宏伟瑰丽的壁画"里，"精妙绝伦的彩塑"和"宏伟瑰丽的壁画"对称。

"莫高窟是举世闻名的艺术宝库，这里的每一尊彩塑，每一幅壁画，都是我国古代劳动人民智慧的结晶"里，"每一尊彩塑，每一幅壁画"对称。

对称的句子，多集中于二、三节，朗朗上口，有节奏，课后要求背，有道理。

（3）关于篇章的结构。

第二、三节，总分结构。此总分，不同于彼总分。

第二节：

两千多尊的彩塑，缩小至"三类"，慈眉善目的菩萨、威风凛凛的天王、强壮勇猛的力士，又缩小至"一尊"，16米的卧佛。

即，两千多尊——三尊——一尊

第三节：

四万五千多平方米的壁画，缩小至"四类"，记录佛教故事，描绘神佛形象，反映民间生活，描摹自然风光，又缩小至"一个"，飞天。

即，四万五千多平方米——四类——一个。

五百来字的课文，要写两千多尊彩塑，四万五千多平方米的壁画，6万多件文物，只有不断"缩小"，大量使用四字词语，不然装不下。

《莫高窟》的写法，属于"大而全"，中国小学生作文的忌讳，有负面影响。要告诉学生，你去莫高窟，就写一"卧佛"，就写一"飞天"，那才棒。

（4）关于语言的奥秘。

壁画上的飞天，有的臂挎花篮，采摘鲜花；有的怀抱琵琶，轻拨银弦；有的倒悬身子，自天而降；有的彩带飘浮，漫天遨游；有的舒展双臂，翩翩起舞……

省略号，发挥想象——

有的仙女，在花园里嬉戏、追逐，银铃般的笑声不时传来；有的仙女，轻轻舞动着长长的衣袖，正唱着美妙动听的歌曲；有的仙女，观赏着美丽的山水，流连其间，不肯回去。

若至此，课文的表达奥秘，没得到。

"有的仙女，把小花篮挎在手臂弯里，正在花园里采摘着艳丽的鲜花"，书上只用 10 个字：有的臂挎花篮，采摘鲜花。

"有的仙女，怀里抱着一张琵琶，轻轻拨动着琴弦，弹奏出悦耳的琴声"，书上只用 10 个字：有的怀抱琵琶，轻拨银弦。

"有的仙女，好像一不小心，摔了一跤，倒悬着身子，从空中飞落下来"，书上只用 10 个字：有的倒悬身子，自天而降。

哪种写法好？

看你用哪里，要简洁还是展开。简洁，书上的好；展开，另一种好。课文而言，学它简洁的美、对称的美。省略号后，想象"有的仙女，在花园里嬉戏、追逐，银铃般的笑声不时传来"，内容上，到位了；写法上，不到位，要改为"有的"后面，8 个字，2 组四字词语。

如改为：

有的追逐嬉戏，笑声不断；有的衣袖轻舞，放声歌唱；有的观赏山水，流连忘返。

还不完美。

书上的几组词，意境柔和。"放声歌唱""笑声不断"，不柔和，太闹了。写作，不只意思，不只字数，不只对称，还要意境。这，对高年级学生，不作要求，点一下，即可；不点，也可。

如此，学生会说，第二节，太应该背下来了。

以上指向写作的"点"，你若嫌多，会舍弃什么？

3. 如是解读《大江保卫战》[①]

铮铮铁汉，本文的中心词。第二节，铮铮铁汉；第四节，铮铮铁汉；第五节，铁汉柔情。

写作上，以下四点，值得关注。

（1）关于题目。

"大江保卫战"，意为"保卫大江的战斗"，改为"保卫大江战"。哪个好？"大江保卫战"好，响亮，上口。"大江""保卫"，倒装。

倒装，古诗中常用。

"欲穷千里目"应为"欲目穷千里"，"草色遥看近却无"应为"遥看草色近却无"，"僧敲月下门"应为"僧月下敲门"……

倒装后，上口。写作，不只意思，还要好读。

学生而言，全篇好读，高了。题目就几个字，注意好读，琢磨好读，可以。

[①] 苏教版第11册，《大江保卫战》。

（2）关于点面结合。

第二节，一群官兵保卫大江；第四节，黄晓文保卫大江。

写一群人，叫"面"；写一个人，叫"点"，本文典型的"点面结合"。

操场上，同学们做操的场景，叫"面"；班上A同学的做操情况，叫"点"，两者都写，叫"点面结合"。全班同学做眼保健操的场景，叫"面"；班上A同学做眼保健操，叫"点"。大家认真看课外书的场景，叫"面"；班上A同学认真看书的样子，叫"点"……

本文的"点面结合"，精妙何在？

①第二节的"面"，有一句："有的为了行走快捷，索性赤脚奔跑起来。嶙峋的片石割破了脚趾，他们全然不顾，心中只有一个念头……"

内容上，替换为"有的感冒发烧了，刚拔下挂水的针头，就冲到了抗洪第一线，他们心中只有一个念头"，也能看出战士的"铁骨铮铮"。

写法上，不能替换。第二节的下文，"风声雨声涛声，声声震耳；雨水汗水血水，水水相融"，"划破脚趾"，暗含"血水"。"拔下挂水的针头"，感人，却不能跟"雨水汗水血水"的"血水"呼应。第四节的"点"，黄晓文的脚扎了铁钉，鲜血直流。"划破脚趾"，伏笔。

②第四节的"点"，黄晓文的"脚扎铁钉"，也跟第二节的"面"，"雨水汗水血水"的"血水"呼应。

"面"的内容，"点"所选的人、事，不随意，有用意。

（3）关于语言。

本文最大的特色，语言。

第一节：

"暴雨，大暴雨，一场接着一场"，改为"大暴雨，一场接着一场"，或"一场接着一场的大暴雨"。

"荆江告急！武汉告急！九江告急！"改为"荆江武汉和九江全都告急！"……

前一句，两个"暴雨"，后一句，三个"告急"，语言的力量，增强许多。

这里，多胜过少。

也有，少胜过多的。

如第二节：支队长一声令下："上！"

现实里，支队长不会只说一个字，或许会说："同志们，大家要不怕困难，不怕伤痛，保卫大江，保卫人民的生命财产安全，上！"

作文里，一个"上"字，有力。

顿时，一条长龙在崩塌的堤坝下出现了。

"一条长龙"指"战士们"。

改为：

顿时，战士们像一条长龙在崩塌的堤坝下出现了。

字多了，没力了。

最有特色的，要数第五节：

汹涌的激流中，战士们的冲锋舟劈波斩浪，飞向漂动的树梢，飞向灭顶的房屋，飞向摇摇晃晃的电杆。

三个"飞向"，顺序能换吗？不能。"漂动的树梢""灭顶的房屋""摇摇晃晃的电杆"，越来越危急。

"飞向漂动的树梢""飞向灭顶的房屋"，都7个字，"飞向摇摇晃晃的电杆"，改为7个字，"飞向摇晃的电杆"，如何？没那么危险了。前面7个字，后面9个字，先长后短，就有味儿。

在安造垸，他们救出了被洪水围困了三天三夜的幼儿园老师周运兰；

59

在簰洲湾，他们给攀上树梢等待了近九个小时的小江珊以生的希望……

"安造垸""簰洲湾"，地名，都三个字，对称。

"周运兰"，三个字；"江珊"，两个字，加一个"小"，也成三个字。"小"，显出"江珊"的柔弱，人民子弟兵的伟岸……

哪里有洪水，哪里就有军旗飘扬；哪里有危险，哪里就有军徽闪烁。滔滔洪水中的群众，看到了红五星，看到了迷彩服，就像看到了他们的大救星。

前一句，对称，朗朗上口。后一句，三个"看到了"，后面的"红五星""迷彩服""大救星"，一个意思，不同说法，强调而又避免重复。

"大救星"前，加了"他们的"，先短后长，朗朗上口。

（4）结尾。

大江，永远铭记着1998年的夏天，铭记着我英勇的人民子弟兵。

题目"大江保卫战"，文尾"大江""铭记"，呼应。

真是"大江"铭记？不是。保卫大江，实为保卫人民；大江铭记，实为人民铭记。

改为：

人民，永远铭记着1998年的夏天，铭记着我英勇的人民子弟兵。

不好。太直白了。大江，含蓄，耐人寻味。

指向写作的阅读课，一般默读为主，朗读为辅。《大江保卫战》的语言，情感充沛，节奏强烈，适合朗读，我会"朗读为主"。

4. 如是解读《把我的心脏带回祖国》[①]

"盛满泥土"的"盛","薄薄的雾霭"的"薄",正音;"巴黎"的"黎""蜡烛"一词,易错;"弥留之际",联系下文理解。

第二节的"特殊礼物",要理解;特殊在"泥土"还是"银杯"?"泥土"有什么特殊?

写作上,要理解,要琢磨的,更多。

(1) 关于题目。

题目从哪里来的?来自文中肖邦说的话,又有所改动:

弥留之际,肖邦紧紧握着姐姐路德维卡的手,喃喃地说:"我死后,请把我的心脏带回去,我要长眠在祖国的地下。"

一种有意思的取题方法。四年级的《我不是最弱小的》,也是,来自文中的:

"现在我该不是最弱小的了吧,妈妈?"萨沙问道。

若取自文中的原话,题目一般带双引号,如《"你必须把这条鱼放掉!"》《"番茄太阳"》。

(2) 关于写景。

第二节的第一句话:

1830年11月的一天,维斯瓦河上弥漫着薄薄的雾霭。

180多年前的一天,晴天还是雾天,无人能答。那能否改为:

[①] 苏教版第11册,《把我的心脏带回祖国》。

1830年11月的一天，维斯瓦河上阳光灿烂，金果飘香。

不可以。文中充满了哀伤与悲愤，"薄薄的雾霭"，仿佛浓浓的离愁。故事里的写景，为了写人。

若那天，真的"阳光灿烂，金果飘香"，作者可以写成"薄薄的雾霭"吗？

可以。作文和事实，不画等于号。作文来于事实，又有所加工。当然，加工不等于胡编乱造，要给读者可信感，要为作文的目的服务。

（3）关于顺序。

第二节里，有两个内容：

第一，师生情，埃斯内尔和同学们为肖邦唱歌送行：

在城郊，马车突然被一大群人拦住，原来是肖邦的老师埃斯内尔和同学们来为他送行。他们站在路边，咏唱着埃斯内尔特地为肖邦谱写的送别曲《即使你远在他乡》。埃斯内尔紧紧地握住肖邦的手说："孩子，无论你走到哪里，都不要忘记自己的祖国啊！"肖邦感动地点了点头。

第二，祖国情，埃斯内尔赠送特殊礼物给肖邦：

这时，埃斯内尔又捧过一只闪闪发光的银杯，深情地对肖邦说："这里装的是祖国波兰的泥土，它是我们送给你的特殊礼物，请收下吧！"肖邦再也忍不住了，激动的泪水溢满眼眶。他郑重地从老师手里接过盛满泥土的银杯，回首望了望远处的华沙城，然后登上马车，疾驰而去。

两个内容，换个序，先赠送泥土，再唱歌送行：

在城郊，马车突然被一大群人拦住，原来是肖邦的老师埃斯内尔和同学们来为他送行。埃斯内尔紧紧握住肖邦的手说："孩子，无论你走到哪里，都不要忘记自己的祖国啊！"说罢，埃斯内尔捧过一只闪闪发光的银杯，深情地对肖邦说："这里装的是祖国波兰的泥土，它是我们送给你的特殊礼物，请收下吧！"肖邦慎重地从老师手里接过盛满泥土的银杯，感动地点了点头。同学们站在路边，咏唱着埃斯内尔特地为肖邦谱写的送别曲《即使你远在他乡》，肖邦再也忍受不住了，激动的泪水溢满眼眶。他回首望了望远处的华沙城，然后登上马车，疾驰而去。

顺序一变，意味也变了。

课文的顺序，"唱歌送行"衬"赠送礼物"，"师生情"衬"祖国情"，"祖国情"重于"师生情"。

改后的顺序，"赠送礼物"衬"唱歌送行"，"祖国情"衬"师生情"，"师生情"重于"祖国情"。

两人斗嘴，先闭嘴的，往往算输；后闭嘴的，往往算赢。两个内容，后写的，往往压阵。这种写法叫"后歇为胜"。

从中心来看，哪个更符合本文？课文的顺序。

资料表明，当年，埃斯内尔先赠送"特殊礼物"——装满泥土的银杯，后跟同学们一起唱《即使你远在他乡》。若资料正确，课文可以这样处理吗？

可以。适度加工。

（4）为什么不写。

课文第一节：

年轻而富有才华的音乐家肖邦，满怀悲愤，不得不离开自己的祖国。

埃斯内尔和同学们都留在了祖国波兰，为什么肖邦"不得不离开自己的祖国"？

亲友敦促肖邦出国深造，用音乐创作和演奏，为祖国获取荣誉。爱国心，肖邦想留下；事业心，肖邦想离去。肖邦痛苦、矛盾。

当时，俄罗斯帝国、奥地利和普鲁士瓜分了波兰，俄罗斯欲授肖邦

"俄国皇帝陛下首席钢琴家",肖邦严词拒绝,俄罗斯很恼火。

这些知识,新鲜,学生要听、爱听。指向写作的阅读课,不能到此为止,追问:为什么作者不写?写了,不用语文老师讲了呀。

"亲友督促"与本文中心不符。"拒绝授誉",也体现爱国心,能写吗?处理得好,可以写。

肖邦恳请姐姐,死后,"把我的心脏带回去",为什么?

波兰反动政府不允许肖邦的遗体运回去,悄悄带一颗"心"去,行。心脏,代表着"心",爱国心。

为什么又不写?写进去,拖沓了;不写,留点空间给读者猜度。写作文,不等于把所有的,全写出来。

实际教学,我主抓第二节:

①六年级学生,作文不注意"写景",不知"写景"何用。

②学生常把作文等同事情。记忆中的事,写到作文里,总有误差。每个人心中的"这件事",都有所不同。比事情本身的"真"更重的,作文时的情感的"真"。情感真实,事件有所加工,可以。

5. 如是解读《轮椅上的霍金》[①]

内容理解上,抓过渡节:

"霍金的魅力不仅在于他是一个充满传奇色彩的物理天才,更因为他是一个令人折服的生活强者",由此得知,前文写"一个充满传奇色彩的物理天才",后文写"令人折服的生活强者"。

抓中心句:

---

① 苏教版第 11 册,《轮椅上的霍金》。

"他不断求索的科学精神和勇敢顽强的人格力量深深地感动了大众",由此得知,前文写霍金的"不断求索的科学精神",后文写"勇敢顽强的人格力量"。

主要内容、文本主旨抓住了,即可去看"怎么写"。

(1) 关于题目。

小学里的写人课文,多为名人,题目有三类:

①以名字命题,《海伦·凯勒》《郑成功》《祁黄羊》《诺贝尔》等。

②不以名字命题,《小草和大树》,写夏洛蒂;《鞋匠的儿子》,写林肯;《装满昆虫的衣袋》,写法布尔;《厄运打不垮的信念》,写谈迁。

③以人名为中心词,《郑和远航》《彭德怀和他的大黑骡子》《轮椅上的霍金》等。

《轮椅上的霍金》,属第三类。学生作文,多写普通人,题目一般用②③类,不用①类。

(2) 关于特写。

第二节,霍金的瘫痪特写:

40年过去了,疾病已使他的身体彻底变形:他的头只能朝右边倾斜,肩膀也是左低右高,双手紧紧地并在当中,握着手掌大小的拟声器键盘,两只脚则朝内扭曲着。嘴已经歪成S型,只要略带微笑,马上就会现出"龇牙咧嘴"的样子。

删除此特写,第二节依然通顺:

命运对霍金十分残酷。1963年,21岁的霍金在剑桥大学读研究生时,不幸患了会导致肌肉萎缩的卢伽雷氏症,不久就完全瘫痪,被长期禁锢在轮椅上。1985年,霍金又因患肺炎做了穿气管手术,被彻底剥夺了他说话的功能。40年过去了，疾病已使他的身体彻底变形。他不能写字，看书必须依赖一种翻书的机器，读文献时必须让人将每一页平摊在一张大办公桌上，然后驱动轮椅如蚕吃桑叶般地逐页阅读。

为何要？霍金瘫痪后，形象越可怕、可怜，对他日后取得的成就，越钦佩；后文，霍金答女记者的问，越显人格力量。特写，必须有。

（3）关于细节。

课文第十节：

霍金的脸上却依然充满恬静的微笑，他用还能活动的手指，艰难地叩击键盘，于是，随着合成器的标准伦敦音，宽大的投影屏上缓慢而醒目地显示出如下一段文字……

改为：

霍金用还能活动的手指，叩击键盘，于是，投影屏上显示出如下一段文字……

味道全没有了。

要写"依然充满恬静的微笑"，与霍金所处的、世人眼里的苦境，形成鲜明对比，衬托他的人格魅力。

要写"艰难地叩击键盘""缓慢"，写几个字都那么艰难的人，内心充满了感恩，对比。

要写"随着合成器的标准伦敦音"，提醒读者，霍金"被彻底剥夺了说话的功能"，而这样一个人，内心充满了感恩，对比。

"缓慢"后的"醒目"，则暗示了霍金的话的震撼力。

（4）关于独立为一节。

①第一、二节：

他在轮椅上坐了40年，全身只有三根手指会动，演讲和答问只能通过语音合成器来实现。然而，他撰写的科普著作《时间简史》在全世界拥有无数的读者。

他就是人称"宇宙之王"的史蒂芬·霍金。

第二节，紧跟第一节后，也通顺。为什么要单列一节？突出、强调"宇宙之王"，含惊讶、惊叹、钦佩。

写作奥秘的理解，促进内容的理解。

②第五节：

比起整天被人众星捧月般的顶礼膜拜，他宁愿一个人静静地思考宇宙的命运。他的办公室门口通常会挂上一块木牌，上面写着：

"请保持安静，主人正在睡觉。"

"请保持安静，主人正在睡觉"，可跟在"上面写着"的后面。独立为一节，强调、突出了什么？

联系下文，哦，霍金说谎呢。引起读者注意，认识一个工作狂热、又有幽默感的霍金。

③第十节：

霍金的脸上却依然充满恬静的微笑，他用还能活动的手指，艰难地叩击键盘，于是，随着合成器的标准伦敦音，宽大的投影屏上缓慢而醒目地显示出如下一段文字：

我的手指还能活动，

我的大脑还能思维；

我有终生追求的理想，

有我爱和爱我的亲人和朋友；

对了，我还有一颗感恩的心……

霍金叩击键盘很困难，不会分句敲击；分句敲击，要多敲好几次回车键。当时的霍金这么写：

我的手指还能活动，我的大脑还能思维；我有终生追求的理想，有我爱和爱我的亲人和朋友；对了，我还有一颗感恩的心……

作者故意将霍金的话，处理成诗一样的格式。

作者不愿意将这段话，紧跟在"显示出如下一段文字"的后面。

——引起读者的注意，霍金的话，太能彰显其人格魅力了。

单句成段，本文的一大写作奥秘。那么，"单句成段"越多越好？不是的。到处都是了，也就不突出了。

(5) 关于闲笔。

第六节，写霍金的工作，中间插了一闲笔：

周围两三盆植物当中摆放的是他三个孩子的照片。

此句，写霍金的生活情趣、生活乐趣，与"工作"不符。何用？下文，霍金答女记者的问，说"有我爱和爱我的亲人和朋友"，呼应。写作，要这么细心、细致。

教学中，我一般选择"单句成段"和"细节"。闲笔，要求太高了，欣赏一下，可以；没时间，舍弃，有点可惜，却不遗憾。

第五部分

指向写作：管建刚的 5 堂新课

1. 我教《水》[1]

（1）复习检查

师：大家都预习了吧？

生：嗯。

师：考考你们，预习得怎样？第一问，文中的村子的人，吃水要去一个地方挑水，这个地方离村子多远？

生：10公里。

师：一个人一小时走4.5公里，10公里大概要走多长时间？

生：大概要走2个多小时。

---

[1] 苏教版第10册，高子阳点评。

师：第二问，对村子里的人们来讲，什么样的日子，像过节一样美好？

生：下雨天。

师：第三问，大热天，"我们"四兄弟渴死了。母亲没有用"渴"，而用了另一字，什么字？

生：饿。

【赏评：三个问题设计巧妙，直指文本的关键点，将答案组合在一起就构成文章的主旨。】

师：不错。再考考你们的读书。先考你们字音。

出示——

一手拿着麦秆扇往我们身上扇风

（生读，第一个"扇"读"shàn"，第二个"扇"读"shān"）

（师往自己的脸上扇）

生：扇耳光。

师："扇"做动词，读第一声，"shān"。耳光扇自己，那是后悔。人总要做错事，做错事的时候，要有一颗后悔心。

出示——

血管里血的流动在加快

（生读，第一个"血"读"xuè"，第二个"血"读"xiě"）

师：鲜血、血管、血浆、血小板、血清、高血脂，这些都念"xuè"，发现没有，凡是医学的专用名词，都念"xuè"。单独使用，不组词，都读"xiě"。——你看，他手上的血！

（生齐读）

【赏评：两个多音字的形象化复习，看似平淡，细思可发现这两个字藏着两个世界，一个属于母亲的，一个属于"我"的。常言说得好，提领而顿，百毛皆顺。三问两字提其领也，怎能不顺？】

（2）内容把握

师：多音字，读准了。课文读得怎么样？请你找一位能代表你们班朗读水平的女生，读第一节。（一女生读）

师：读得真好，就该这么读。一起读，看大家的齐读水平。

师：有一句话，你们读得特别好：水，成了村子里最珍贵的东西。

（生读，生注意了逗号。师读，没有逗号的停顿）

师：有逗号、没逗号，基本意思一样，不一样在哪里？

生：不一样，有了逗号，突出了"水"，"水"的珍贵。

师：吹牛，你读给我听听看。

（生读，"水"重音，停顿，很好）

师：是不一样，你不是吹牛。——同学们，10公里，要走2个多小时。去了要回，来回要多久？

生：4个多小时。

师：挑一担水回家的路，光走，大约要四个半小时。还要排队啊。

生：排队一小时，那就是5个半小时。

师：去的时候，挑空的水桶，忽略不计。回来，肩上一担水，好几十斤啊。5个半小时，能到吗？

生：不能，至少要6个小时。

师：怕6个小时也走不到家。缺水到如此的程度。于是，作者说——

生读：水，成了村子里最珍贵的东西。

师：村子里十分"缺水"。一般地，都会写缺水的种种"苦"。作者不写"苦"，而是"乐"，两件"乐"事。——第一件，在第二节，请你默读，用一句话说说，写了一件什么事。

生（默读后）：写下雨天，大人小孩痛痛快快地洗澡。

（师板书"下雨天洗澡"）

师：这段话里，有一句写孩子们"下雨天洗澡"的句子，请画出来。

（师走动、批改，指出画对或画错了）

生（齐读）：先是我们这样的孩子，全身脱得光溜溜的，在雨中奔跑跳跃，大呼小叫，尽情地享受水带给我们的抚摸与清凉，还仰起头，张大嘴巴，去吃来自天空的水。

师：缺水的地方，下雨了，过节一样快乐，兴奋。再读。

（生读）师：下雨天里洗澡的同时，孩子们还在干什么？

生："奔跑跳跃""大呼小叫""张开嘴巴吃雨水"。

（师板书："奔跑跳跃""大呼小叫""张嘴吃雨"）

师：女孩子，会有什么平常的游戏，放到雨天去做呢？

生：丢手绢的游戏。

生：跳橡皮筋。

师：雨中丢手绢、跳橡皮筋，那叫浪漫。女孩子就这么浪漫。——男孩子呢，还会在雨中干些什么事？

生：我们打水仗。

生：我们会去摔跤。

师：如果是我，一定会这样（师朝一男生的屁股上摸了一下）——摸你的光屁股。（众笑）——我转身逃，他会——

生：追！

师：下雨天，像过节一样，开心啊。洗澡，雨水中玩耍、游戏。——

还写了第二件快乐的事，在第四、五、六节。请默读，也用一句话，说说写了什么。

生：母亲用水窖里的水，给我们冲凉。

师：四兄弟冲凉，用了多少水？

生：一勺水。

师：再说。

生：母亲用水窖里的一勺水，给我们冲凉。

（板书"一勺水'洗澡'"）师：一勺水，四个人，对我们来说，冲凉都算不上，对文中的四兄弟来讲，算得上是洗澡了。水，实在太珍贵了。

师出示——

一缕水的气息扑面而来，我们都倒抽了一口凉气。

（生齐读）师：请你"倒抽一口凉气"。——你不对，用嘴吸气，才是倒抽。

师：左边的同学读。

（生读）师：读到"我们都"，你要用嘴吸一点点的凉气，就能读好。——右边的同学读。

师出示——

顿时，藏于地下的水的清凉，再加上缕缕轻风，让我们都舒服得"啊啊"大叫了起来。

（生读）师：这句话，这两个字，最难读（幻灯，圈出"啊啊"两字）。

（生读）师：你那不是舒服，是呻吟。（生笑）

（生读）师：你那也不是舒服，你那是惊叫。（生笑）——不管怎样，你记住，一勺水"洗澡"，真没什么事，抽一口凉气，"啊啊"叫两声。

（回顾板书）师：作者生活在一个缺水的地方，很苦。作者却写了两件"乐事"——

生：下雨天洗澡，乐；一勺水"洗澡"，乐。

师：这叫以"乐"写"苦"。

【赏评：内容真的好把握！好的课文教学真的没有必要在内容理解上花费精力，因为绝大多数的读者有着不可估量的快速理解文本内容的能力。】

（3）详略选择

师："我"出生在一个缺水的地方，生活很苦。作者写了两件"乐"事：下雨天洗澡、一勺水"洗澡"。请问，哪一次的澡，时间长？

生：下雨天洗澡。

师：哪一次的澡，人多？

生：下雨天洗澡。

师：哪一次的澡，场面大？

生：下雨天洗澡。

师：哪一次的澡，发生的事儿多？

生：下雨天洗澡。

生（读板书）：奔跑跳跃、大呼小叫、张嘴吃水。

师：一般来说，哪一次的澡，有更多的内容写，能写得更长？

生：下雨天洗澡。

师：数一数，下雨天洗澡，几节？

生：一节。

师：一勺水"洗澡"，几节？

生：三节。

师：数一数，下雨天洗澡，洗了几行？

生：10行。

师：数一数，一勺水"淋澡"，大概几行？

生：18行。

师：这就怪了！下雨天洗澡，明明时间长、人多、场面大、故事多，偏偏写得少；一勺水"洗澡"，时间短，人少，场面小，故事少，却写得长，为什么呀？

生：一勺水"洗澡"，更能看出"缺水"，洗澡，只用一勺水。

师：这叫"典型"。作文，要把典型的事，写具体。

生：我觉得，一勺水"洗澡"，显得新颖。

师：对，作文，要把新颖的事，写具体。新颖，读的人才感兴趣，读的人感兴趣了，作文就成功了一大半。

【赏评：歌德说："内容人人看得见，涵义只有有心人能得之；而形式对于大多数人是一个秘密。"作者在《水》中写了两种方式洗澡，怎么洗的，洗的感觉如何，这些内容不需要教，读者一看就明白，而为什么雨中洗澡只写一节10行，一勺水洗澡却写了三节18行，这种表达形式是秘密，教师不教，学生想悟得这个秘密那是相当困难的。传统的阅读教学只关注文本的理解，对这种秘密是缺少关注的，而如此关注，学生就懂得了什么样的事要详细写，什么样的事要略写。凭借课文教这个与写作相关的内容，也足以展现出什么是真正的教学。】

（4）特写智慧

师：看来，作文不是"有话则长，无话则短"。要考虑事情是否——

生（读板书）：典型、新颖。

师：有的事，明明话很多，却不典型，不新颖，那就要少写。有的事，像"一勺水'洗澡'"，时间短，事儿小，然而，一定要写长，比"下雨天洗澡"还要长。这可怎么办呢？作者有一个秘诀，叫"特写"。——这个"特写"，藏在第四、五、六节中的哪一节呢？请选择。

师：选择第四节，伸出 4 根手指。选择第五节，伸出 5 根手指。选择第六节，应该没有吧。——伸出你的手。

生伸出 5 根手指。

师：请你们朗读第五节，我给你们的朗读计时，看这个特写镜头，你们读了多长时间。

（生读）师：你们读了 45 秒。——水，从头顶滑到脚板，不过几秒钟。作者的文字，要读 45 秒，长了 10 倍。作者怎样将一瞬间拉"长"的呢？奥秘在哪里呢？请你默读第五节，寻找：哪个句子让你感觉时间慢下来了，一瞬间被拉长了？请画下来。

生（交流）：从头顶倾注而下的水滑过了我们的脸，像一条小溪流，顺着脖子缓缓地滑过了我们的胸和背，然后又滑过了我们的大腿和膝盖……

师：画了这一句的，请举手。——我也画了这一句。这句话怎么就能让时间慢下来呢？

生：写了好几个水滑过的地方。

师：几个？我们一起来数。

生：头顶、脸、脖子、胸、背、大腿、膝盖。七个。

师：哦，"滑过了"身上的"七个部位"，作文里的时间，可以这样慢下来的，读——

（生读）师：七个部位，也可以很快的：从头顶倾注而下的水滑过了头顶、脸、脖子、胸、背、大腿和膝盖。——作者怎么让七个部位，慢下来的呢？

（生语塞）师：看，有几个"滑过了"？

生：三个。

师：三个"滑过了"，七个部分，放一起，时间慢下来了，读——

（生读）师：不会写的人，只会这么写：从头顶倾注而下的水慢慢地、慢慢地、慢慢地滑了下去（生笑）。会写的人，这么写——

生读：从头顶倾注而下的水滑过了我们的脸……

师：我觉得还不够慢，还可以再来一个"滑过了"。

（师找了一生，按大家的读，比划，滑过了"头顶、脸、脖子、胸、背、大腿、膝盖"）

师：中间漏了两个地方：肚子和屁股（生笑）。可以这么写——

从头顶倾注而下的水滑过了我们的脸，像一条小溪流，顺着脖子缓缓地滑过了我们的胸和背，又滑过了我们的肚子和屁股，然后滑过了我们的大腿和膝盖……

（生大笑）师：你笑什么呀？

生：我笑"肚子和屁股"，怪怪的。

师：你的感觉是对的。肚子和屁股，放在这里，不雅，不适合。

生：写三个也够了，"三"表示多。

师：三，在中国是个奇妙的数字。入木三分，真的是"三分"吗？约法三章，真的是"三章"吗？火冒三丈，真的是"三丈"吗？对，表示多。——看来，书上的这句，最好，最合适，再读。

（生读）师：不看书读。（生背）

师：这句话，水，刚到膝盖，还没到脚板呢。哪里，作者又让"水"再呆一会儿？

生（交流）：在水的滑动中，我听得到每个毛孔张开嘴巴的吸吮声，我感觉得到血管里血的流动在加快。

师：如果说，上面那一句，是眼睛看得到的，那么这一句的内容不是看到的，而是——

生：感受到的。

师（板书："内心"）：这感受，内心的感受。作者不只写外面的、看得见的水，还写流淌在心里的、看不见的水，也就是内心的感受。作文里的世界，有两个世界，时间就慢了下来。这又是写"长"的秘诀。读——

（生读）师：写"毛孔的吮吸"的那一句，太有才了。我写不出。但我懂他的意思，你懂吗？

生：就是很舒服的意思。

师：是的，就是"舒服啊，舒服啊，好舒服啊"。不会写的人，写到这里，只会写：在水的滑动中，我感觉好舒服、好舒服，舒服死了（生笑）。作者太有才了，读——（生读）

师：你写得出这样的句子吗？——我也写不出来。读到自己怎么也写不出来的地方，我有一个习惯，背，背出来，占为己有。

（师背，生读、生背）

师：不光写外在看到的，还要写内在的心灵感受到的，时间就这么拉长了。——同学们，我总觉得，不只文中的"我"，听到了毛孔的"吸吮声"，文中的四兄弟、母亲，五个人中，还有一个人也听到了。

生：母亲。因为她说"你们真的饿坏了"。

【赏评：绝大多数的老师教《水》，都会关注这一段，我听过、看过几十位名优教师上过《水》，但以"特写"写作技巧来学习这一精彩之处者管先生算第一人。而教学参考书上也没有从"特写"上分析教材，由此可以推断，教学这一课的老师肯定会——避开这一技巧，花大力气去理解内容。可以这么说，这一精彩，仅凭想象那是很难理解的，而指向写作却能一下子理解这一精彩，为什么？认识写作的技巧，可以帮助我们理解作者为什么要这么写。】

（5）当堂迁移

师（根据板书小结）：缺水的生活，很苦。然而作者写了两件"乐事"——

生：下雨天洗澡；一勺水"洗澡"。

师：这样的写法叫——

生：以"乐"写"苦"。

师：这样写，你不只体会到了村里人的缺水，还能感受到，村里人缺水，但不缺乐观，甚至不缺乐趣。这就是它的妙处。

师：同学们，我们高年级了，读书要用两只眼，既要知道写了什么，还要知道怎么写出来的。——下雨天洗澡，时间长、人多、场面大、故事多，却写得少；一勺水"洗澡"，时间短、人少、场面小、故事少，却写得长。原来，详略的考虑，不只考虑好不好写，还要考虑——

生：新颖、典型。

师：怎样让很短的事儿，写得很长——

生：特写。怎么是特写？

师：这篇课文，告诉我们"特写"可以这么写——

生：分步写、写内心。

师：我们高年级了，读书，两只眼睛，要看不同地方，一只眼读课文写了什么，另一只眼读课文是怎么写出来的，有什么秘诀和奥秘，这才是

79

完整的读书。考考你的"另一只眼"。

(师现场演示找东西：左边的口袋里找，右边的口袋里找，里面的口袋里找)

师："找东西"，不会写的人这么写：所有的口袋都找了一遍，没有。——你学了《水》，你建议，怎么写？

生：要分步写，一个口袋一个口袋写。

生：还要写找的时候焦急的心情。

师：这样写，就精彩了。——今天有不少老师听课，大家的表现很不错，一开始，"起立"的一刹那就看出来了。再来一次，给老师们看看。——上课。

(生起立，很整齐)

师："起立"，一秒钟的事，一秒钟的事情写下来，读起来有20秒、30秒，怎么办？

生：分步。

师：怎么分呢？

生：两腿并拢，抬头挺胸。

师：手呢？

生：手放两边，贴近裤子。

师：眼睛？

生：眼睛看着老师，炯炯有神。

师：对，这么写，分步了。内心呢？

生：可以写自己心里的紧张，怕出错，结果站起来都很好，很满意，很开心。

师：哇，一瞬间也有心情的变化，这么写，一秒钟的事，读起来有20秒、30秒了。——下课。

【赏评：学习一篇课文得一写作思想、知识、方法、技巧，那是了不起的收获！而《水》这篇小小说，在特写技巧上真的非常突出，教学中抓住这一点训练，不仅得了一个写作技巧，也让这篇文章因这一技巧而长久地存于记忆之中。指向写作的阅读教学，能让许多文本不只是为了考试（考完即忘），因为许多作者在创作中都有独门绝技，得技不可能忘本。】

板书

```
                       水
      缺水              苦
      奔跑跳跃
      大呼小叫     下雨天洗澡      详略：典型、新颖
      张嘴吃雨                    特写：分步、内心


      倒抽一口气   一勺水"洗澡"
      "啊啊"大叫
                   以"乐"写"苦"
```

总评

指向写作，绝非游离于内容之外

听过许多名优教师上《水》，一直没有让我惊奇的教学，管先生真是例外。柏拉图、亚里士多德都认为，"惊奇"是哲学家的标志，是哲学的开端。人都是从"惊奇"开始哲学思维的。

有的老师把《水》上成了环保课，要求学生珍惜水资源，这样的课，

怎么可能惊奇？

有的老师把《水》上成了童年的回忆，硬说文中的"我"是马朝虎。马朝虎的家乡在浙江，可以山清水秀，查他们那儿的历史，近百年都没有缺水过。这样的课，难以惊奇。

有的老师把几乎所有的情都糅进了课堂，读啊读，读啊读，读得让人心里发毛。这样的课，真的没有感觉。

有的老师还把这课教成散文，真不知道是凭借什么标准作出的文体选择。这样的课，总感觉是在欺骗孩子。

……

管先生这一课没有提文体，但却是以小小说的文体样式在教。创作小说，作者对人称选择是讲究的，第一人称的目的就是让读者相信内容是真实的，好像发生在"我"的身上，一下子吸引读者；创作小说，作者不可能不使用大量的写作技巧，可以这么说，没有独特写作技巧参与的小说，那是不存在的，马朝虎这篇文章的选材很独到，两件事都是洗澡，第一件事洗澡是正常的，但这件事吸引力不足，如何才能把"饿水"的"饿"写出来？第二件洗澡事可以说充满创造性，应该是作者的原创，我本人永远难以相信这是真的，因为作者使用了管先生所说的特写技巧，让我忘记了对这件事做真假判断，感觉这一切就是真的，那里的人真是"饿坏了！"这篇文章的成功之处就在此，真正抓住了读者，是一篇真正有说明力的写作。管先生这么教，给我很多惊讶，虽然我不是哲学家，但这一惊讶，让我有了很多思考。

管先生提出指向写作的阅读教学，有人批判管先生的这一革命性做法，说他的做法游离于阅读理解之外的写作表达，是无所依傍而随风飘荡的孤魂野鬼，这样教拖累了阅读和写作教学，是建于流沙之上的小楼，不牢固。管先生自提出这一改革思想以来，上了好几次公开课了，可以说一次比一次成熟，一次比一次有力量。而《水》的教学，管先生绝没有游离于阅读理解之外，写作帮助深刻理解充分体现，不仅没有拖累，而让学生更轻松地习得，从现场的教学中可以看出这种牢固。

指向写作的阅读教学是学生需要的教学智慧，这样的教学会给学生一个又一个惊奇，一个又一个哲学层面的思考与收获。

感谢管先生《水》的教学智慧，期盼因此有更多的指向写作的阅读教学案例，出现在你我他的课堂中。

（高子阳）

2. 我教《黄山奇松》[①]

（1）检查预习

师：课文预习了吧？考你们几个题目。

师："天下第一奇山"黄山有四绝，哪四绝？

生：奇松、怪石、云海、温泉。

师：谁也能一口气说"四绝的"？

（生说）师：你说得比他还要溜。男生一起说。

（男生齐说）师：很好。知识非记不可。女生一起说。

（女生齐说）师：课文主要写"奇松"。黄山看"奇松"，哪个地方最适合？

生：玉屏楼。

师："玉屏楼"的"屏"会写吗？

[①] 苏教版第9册，许红琴点评。

生：会。

（生书空写）师："屏"可以组什么词？

生：屏风。

师：你家里有屏风吗？

生：没有。

师：屏风，古董级别的，你也知道。

生：屏障。

生：屏蔽。

生：屏幕。

师：现在的手机都是——

生：触摸屏。

师：玉屏楼，被明代著名的旅行家、地理学家徐霞客称为——

生：黄山绝胜处。

师：为什么称玉屏楼为"黄山绝胜处"呢？原因之一，这地方可以一览无余地看三大名松，哪"三大"？

生：迎客松、陪客松、送客松。

师：一起说。

（师板书三大名松）师：写三大名松的话，在课文的哪一节？

生：第二节。

【赏评：检查预习，引导学生联系语境、生活情境理解"黄山绝胜处""屏"，记忆黄山四绝的相关知识，提取文本重点段落信息，知识学习、能力培养目标精简。】

（2） 教学第二节

①内容理解

师：打开书，看第二节。请用直线画出描写迎客松的句子，小波浪线画出描写陪客松的句子，虚线画出描写送客松的句子。（夸张地画了一条大波浪线）——不要这么画，丑死了。

（生默读，画线）

师：我们校对一下。

（出示迎客松语句，画对的学生举手）师：共3句。

（出示陪客松语句，画对的学生举手）师：只1句。

（出示送客松语句，画对的学生举手）师：有2句。

师：迎客松最多，3句，我请三位同学读。

（生举手）师：请你推荐一位同学。

（生推荐身后的女生，师请女生读）

师：听了你的朗读，如果让我推荐，我也会推荐你的。

一男生：我可以推荐自己吗？

师：自荐，那要考核的。（生笑）

（生$_1$读）师：有不服的吗？

（多人举手）师：不能怪我，有人不服。

（生$_2$读）师：有谁，两个一起挑战？

（生$_3$读）师：请大家举手表决。大家选自荐的学生。

师：请你再朗读一遍。

（生用心朗读）师：某种意义上，你读得很好。——请问，一年级的语文老师，男老师还是女老师？

生：女老师。

师：二年级的语文老师，男老师还是女老师？

生：也是女老师，到现在都是女老师。

师（恍然大悟）：哦，怪不得，你的朗读里，多了一点女人味。（众笑）——注意，读书不要"嗯——"，干脆一点，男子汉一点。

（生再读）师：好多了，你跟我一学期，保你顶天立地男子汉！（众笑）

（师请一学生推荐朗读人选）

生：张园。

师：我想再给你一次机会，你会推荐谁？

生（想了想）：我推荐自己。

师：掌声！

（生读第三句）师：这句话，就该男孩子读，有气势。最后的"象征了"，不能弱下去。你再读。

（生读得很好。三人分别站屏幕前，依次朗读）

师：第三句读得真棒，给他掌声。

师：第一句写迎客松的"姿态"，第二句话写迎客松的"名字由来"，第三句话写迎客松的"地位"，一棵树能代表一座山。

（生读板书）

师（指三位同学依次说）：你是"姿态"，你是"名字由来"，你是"地位"。文中，写陪客松就一句话，请问，三人中由谁来读最合适？——想一想，写"姿态"？"名字由来"？"地位"？

生：应该第二位同学，"名字由来"。

（生读）师引读：之所以说它是陪客松，是因为——

生：因为它有一丛青翠的枝干斜伸出去，如同好客的主人，热情地伸出手臂迎接宾客的到来。

师：送客松写了两句，第一句该由谁来读？请伸出你的手？

（生齐指第一位同学）

师：你们的判断是对的，只是那个动作不雅。

（师示范，生笑）

师：应该这样，用手掌。

（师示范，学生再选择一次）

师："姿态"，你读。

（生读第一句）

师：第二句，应该指谁？

（生齐指第二位同学）

（生读）师引读：之所以说它是送客松，是因为——

生：它向山下伸出长长的手臂，好像在跟游客依依不舍地告别。

师（对第二位同学）：之所以说你是送客松，是因为——

生：我向山下伸出长长的手臂，好像在跟游客依依不舍地告别。

（出示图片）师：看三大名松，这棵是——

生：迎客松。

师：这棵呢？

生：陪客松。

师：这棵？

生：送客松。

（指第一张图）师：之所以说它是"迎客松"，是因为——

生：它有一丛青翠的枝干斜伸出去，如同好客的主人伸出手臂，热情地欢迎宾客的到来。

（指第二张图）师：之所以说它是"陪客松"，是因为——

生：它如同一个绿色的巨人站在那，陪同游人观赏美丽的黄山风光。

（指着第三张图）师：之所以说它是"送客松"，是因为——

生：它向山下伸出长长的手臂，好像在跟游客依依不舍地告别。

师：《黄山奇松》写了三棵名松——

生：迎客松、陪客松、送客松。

师："奇"在哪里？

生：姿态奇、名字奇、地位奇。

【赏评：以读为抓手，默读，发现写三大名松的语句及数量；朗读，在推荐、比赛中思辨，发现作者是从姿态、名字由来、地位三方面写三大名松之奇；借助图片，引导诵读，深化对三大名松姿态奇的印象，化解背诵难点。条分缕析，抽丝剥茧，梳理归结出三"奇"，足见教师删选的功力；巧设情境，激活学生朗读与思考兴趣，学生主动探究中，理解文章内容，理清文章脉络，彰显教师点燃、点化的智慧。"内容理解"不单一，不仅指向词句理解，更关注段落结构、层次等的理解。】

②指向写作

师（对第一位同学）：你是"姿态"，你读了几次？

生：两次。

（出示第一句）师：你带大家读一读。

（生读）

师：什么叫"遒劲"？

生：就是健拔、有力量。

师：理解得很到位。你带大家读第二句。

（生读）

师：什么叫"盘曲"？

生：就是弯曲。

师：你读了两次，一次迎客松，一次送客松。"陪客松"你没读，为什么呢？千万别跟我说，作者没写。（生笑）作者为什么不写陪客松的姿态呢？

生：我感觉不写有两点原因，第一点，从刚才的图片看出，陪客松就一根笔直的树干，没什么特点；第二点，因为作者要有详有略。

师：一定要保持你的发言风格，"第一点""第二点"，逻辑思维强。第二点，我不赞同，有详有略，那凭什么陪客松要略呢？

生：因为它姿态不奇。

师：直挺挺的树，大家见过没？

生：见过。

师：见过，我们都见过直挺挺的树，作者还有必要写吗？

生：没必要写。

师（对第一位同学）：所以你只读了两次。谢谢你，请回。

师（对第三位）：你就读一句话，读得很棒，再读一遍。

（生读）师："陪客松"你休息，"送客松"你打瞌睡，凭什么他只读了一次呢？

生：我打个比方，迎客松是国王，陪客松和送客松是平民，平民没有国王重要。

师：也不能说平民没有国王重要，没有平民就没有国王。国王可以象征，平民能象征吗？

生：不能。

师：象征的，一般是地位最高的人。（指第三位同学）你有什么话？

生：我要总结一下，迎客松有地位，它可以代表整个黄山，而陪客松和送客松没有这样的地位，不能代表黄山。

师：迎客松就像正班长，能代表班级。副班长想喊"起立"，除非班长请假了。（生笑）好，你也请回。——你看，作者写作文，知道什么地方"不必写的"（板书）。

师（对第二位同学）：你读了几次？

生：三次。

师：你最辛苦，也最骄傲，辛苦和骄傲总是连在一起的，你付出了辛苦，才会收获更多的骄傲。——你读了——

生：迎客松的"名字由来"，陪客松的"名字由来"，送客松的"名字由来"。

师：为什么"名字由来"，作者三次都要写呢？

生：他们的名字很奇。不写"名字由来"，就不知道为什么叫这个名字了。

师：写出"由来"，才能突出它的奇。

生：我也打个比方，你第一次来到班级，做自我介绍，有些东西不必介绍的，但你的名字总要让别人知道的。

生：作者介绍名字，可能是为了让读者更好记，如果不写，我们会读得云里雾里的。

（第二位同学回座位）师：三个名字的由来，必须要介绍，为什么呢？你看它们的关系，去掉"松"，读。

生：迎客、陪客、送客。

生：主人请客人来，先迎客、再陪客，最后送客。

师：就是一条龙服务，对不对？（众笑）少任何一个都不可以，三个都要写，三个都要解释。——你看，作者写作文，他知道哪些地方"不必要写"，还知道哪些地方"必须要写"（板书），这是作者写文章的奥秘之一。

师：同学们，我们今天学的课文是——

生：黄山奇松。

师（指板书）：写了三棵松树——

生：迎客松、陪客松、送客松。

师（指板书）："奇"在三个地方——

生：姿态奇、名字奇、地位奇。

师（指板书）：同时，我们还了解到写作文的奥秘——

生：什么地方不必要写，什么地方必须要写。

【赏评：如何让写法入学生心，教师凭借自身的教学艺术，在看似随意的对话中追问，激活学生思维，引导学生自主探究、揣摩，发现文章处理"不必要写"和"必须要写"的内容的写作秘密。管老师也让学生"读"，但学生在读中不止于理解文本内容，更在于获取、积淀写作构思的方法。读与写的结合圆融和谐，写作方法的指导、渗透自然。】

（3）教学第三节

师：课文要求背第二节，其实，最值得大家背的，是课文最后一节里的一句话。那句话写得太棒了，请你找一找，你找的和同桌是否一样，和老师是否一样。

（生画线）师：同桌校对一下。——好，跟我校对一下。

师出示——

它们或屹立，或斜出，或弯曲；或仰，或俯，或卧；有的状如黑虎，有的形似孔雀……

（生读第一个分句）师：第一个小句子，作者看到什么，有屹立的，有弯曲的，看到什么就怎么写，叫描写。

（生读第二个分句）师：这叫拟人，当人来写。

（生读第三个分句）生：这是比喻。

师：三句话，从三个角度写，多精彩，一起读。

（生读）师：这里的"或"，什么意思？

生：有的。

师：对。现在，我改编一下，"或"换成"有的"。

（生齐读）师：改后的句子，意思跟书上的一模一样。请问，你觉得我改过的句子矬，还是书上的原句矬？（生笑）

男生₁：老师的矬。

男生₂：老师的矬。

男生₃：老师的矬。（众笑）

师：你们嫉妒我长得帅，才说我矬。（生笑）我问女生，"或"改成"有的"，好吗？

女生₁：不好。

女生₂：不好。

女生₃：老师改得很好，不过，书上的更好一点。

师：什么叫会说话，这就是。（众笑）——说不好，会得罪人的，除非，你有确凿的理由。

生：老师的句子"有的、有的、有的"，好多"有的"，太烦了。

师：哦，书上的有变化，一变化就好了。

师出示——

它们有的屹立，有的斜出，有的弯曲；有的仰，有的俯，有的卧；或状如黑虎，或形似孔雀……

（生读）师：这一改，也有变化了，请问，我的好，还是书上的好？

生₄：书上的好。

生₅：书上的好。

师：凭什么啊？

(生答不上来)师："或"和"有的"，意思一样，却只有前面用"或"，后面用"有的"，才顺口。不信，我们读。

(生齐读)

师：第一个小句子，有三个"或"；第二个小句子也有三个"或"，这叫排比。第三个小句子，两个"有的"，(生齐读)——第三个句子，如果后面还有一个小小句子的话，小小句子应该有几个字？

生：6个。

师：前两个字，哪两个？

生：有的。

师(板书)：最后两个字，哪两个？

生：动物。

师：比如说——

生：狮子、老虎。

师：再如——

生：猫、老鼠、猴子。

师：猫，可不可以？

生：不可以，因为是两个字。

师：再说？

生：长颈鹿。

师：可不可以？

生：不行，三个字了。

师：马，行不行？

生：不行。

师：千里马，行不行？

生：不行。

师：骏马，行不行？

生：可以。

师：刚才，有的同学说"狮子"（板书），有的说"猴子"（板书），中间两个字，哪两字？我们先看书上是哪两个字？

生：状如、形似。

师：这两个词，有什么关系？

生：是近义词。

师：哪个字表示"好像"？

生：如、似。

师：哪个字，表示外貌、样子。

生：形、状。

师：状、形表外貌、样子，如、似是比喻词。横线上，也要填一个这样的词，你脑子里有吗？

生：貌若，外貌的"貌"。

师：貌若，好（板书）。我也想到一个词，貌似（板书）。请你判断，"貌似"和"貌若"哪个好？

生：貌若。

师：为什么呢？

生："似"，前面出现过了。

师：哦，重复的不要。"貌若"最好。

生（齐读）：状如、形似、貌若。

师：现在，我们一起读第三个小小句子。

生：有的貌若狮子，有的貌若猴子。

师：你笑什么？

生：哪有树像狮子、猴子的呀？

师：那你说哪有树像孔雀、黑虎的，一切皆有可能，奇松嘛！是不是感觉有些不妥，不妥在哪里？

生：我一看到猴子，就想到那猴子屁股。（生笑）

师：猴子丑陋，猴子屁股更丑。"貌若"后面一般跟什么？

生：貌若天仙。

师：后面跟女子的话，一定是美女，叫"貌若天仙"。后面跟男子的话，一定是美男，叫"貌若潘安"，潘安是古代美男子。"貌若"后面，跟的不是美女、就是帅哥。而我们说"貌若猴子""貌若狮子"，不配。

师：同学们，我猜测，作者也想写三个"有的"，可找不到，只好宁缺毋滥，用两个"有的"。

（生齐读）师：尽管少了一个，然而有的时候，残缺的美，也很漂亮，读起来照样无比顺口。再读。

（生齐读）师：到底哪里用"或"，哪里用"有的"，用了"状如""形似"，找不到第三个，这29个字里，蕴藏着语言的奥秘（板书）。

师：同学们，今天我们学的课文是——

生：黄山奇松。

师：黄山奇松写了三棵松树，分别是——

生：迎客松、陪客松、送客松。

师：黄山奇松，"奇"在——

生：姿态奇、名字奇、地位奇。

师：这是课文写了什么。课文还告诉我们"怎么写"。

生：什么地方不必要写，什么地方必须要写。

师："或""有的""状如""形似"，里面蕴藏着——

生：语言的奥秘。

师：这29个字，不简单啊，一起背。

（生背）

师：这句话，时不时拿出来回味一下，味道真的好极了。下课。

【赏评：有味道的语言，如同咖啡，需要静心细品。管老师是个智慧的引导者，此处浓墨重彩，让学生放慢脚步，细细咀嚼语言的滋味：看到这句话从三个角度写松奇的精彩，比较中发现句式同中有异的变化之美，句式、用词相对的和谐之美，甚至发现宁缺毋滥的残缺美……探究实践中获得的知识，才能入心，才能转化为能用、会用的能力。】

板书

迎客松（3句）	姿态奇	名字奇	地位奇
陪客松（1句）	——	名字奇	——
送客松（2句）	姿态奇	名字奇	——

```
不必要写＋必须要写
或、有的
状如＝语言的奥秘
形似
有的貌若猴子
       狮子
```

【赏评：板书很朴素、常态，而内容与形式，文章脉络，篇章布局，详略安排，写作手法，语言奥秘等呈现清晰，互为呼应，匠心独运。】

总评

开拓者的探索与智慧

管建刚老师提出的"指向写作的阅读教学",近年来成为小语界热议的话题。拜读过管老师相关文章,他在文中说:从"指向内容"转向"指向写作",是个并不"华丽"的转身,充满泥泞与艰辛。之后,欣赏或学习了他的课堂教学与教学实录,《理想的风筝》《神奇的克隆》《滴水穿石的启示》……一如研究作文教学,管老师执著依然。近日学习其《黄山奇松》实录,再次欣赏他默默耕耘、开辟的足迹与智慧。

一、透析教材的眼力

管老师看教材,总有与众不同的视角。寻常老师对于教材的"深度解读",对教材教学价值的"深度开掘",更多在于文本内容、情理等方面的深广开掘,或者对文本中某些词句表达特色与效果的散点式品析,缺少对文章整体构思、布局匠心的分析与思考。管老师认为,一篇文章,高年级学生自读三遍,90%都能读懂,那不懂的10%,语文老师反复讲了,引导了,学生也不一定懂。语文教学应该用90%的时间去教学生90%的"不懂"——课文是"怎么写出来"的。他的教学,就在诠释、践行着这一教学主张。《黄山奇松》在管老师眼里有了别样的教学价值:由语言走进内容,感悟三大奇松之"奇";由内容走向形式,揣摩文章紧扣"奇"描摹黄山奇松,从姿态、名字、地位三方面表现三大名松之"奇"等写法,品析详略布局的用意,思辨独特句式、精当用词等的匠心,获取文章布局与遣词造句的奥秘;朗读、默读、仿说实践,提升学生阅读理解与欣赏的眼力。管老师看教材的与众不同，并非标新立异，而是更具语文教师的专业眼光，更体现专业的语文学习者的阅读本质：不仅重视培养提取文本内容信息的能力，更以教材为凭借，着力发展学生发现语言密码、赏析言语表达形式等能力与素养。管老师凭借自己透析教材的独到眼力，让学生看到文本独有的言语风景。

二、取舍内容的功力

课堂教学时间是个常量，教学要有效，需要教师对教材、教学内容作出合宜、智慧的取舍。管老师深谙此道。

精简教材内容的理解。检查预习，帮助学生回顾并记住黄山四绝；阅读理解第2自然段，借助多形式的朗读，理解文本从姿态、名字由来、地位三方面写其"奇"；借助图片，引导学生回忆、诵读三段文字，化解背诵难点，深化对三大名松之"奇"的理解。文本内容理解有度，删繁就简，干净爽利。

突显课程内容的学习。有专家说，语文课教的是课文，学生学的该是语文。管老师的课堂即如此。借助语境和生活情境，培养理解运用"遒劲""蟠曲""屏"等字词的能力；梳理文脉、寻找重点，训练把握写作之序、详略安排之意等能力；揣摩文章重点段写法，悟得"不必要写"和"必须要写"等写作奥秘；品味"它们或屹立，或斜出，或弯曲；或仰，或俯，或卧；有的状如黑虎，有的形似孔雀……"这一最有特色的语句，在改句比较与迁移实践中思辨，深味句式、用词等的语言奥秘；朗读实践与指导，既训练其正确朗读、带着理解恰当自然朗读的能力，更在读中渗透段感、篇感教学。

有舍才有得，管老师具备内容取舍的功力与智慧，于是，他的课堂简约而厚重，学生在课堂上的收获不再单一、单薄，而是多元、立体、丰实。

三、学生本位的定力

一篇文章的写作特色很丰富，教师该引导学生悟得什么，用怎样的方式才能让写作特色真正入学生心而非仅是教师贴在黑板上的标签。管老师用自己的课堂给我们做了操作层面的示范——一切从学生需要出发，用适切的方法给学生适切的写法指导。《黄山奇松》一课的教学，我们看到了管老师学生本位的定力。

管老师的教学没有纠缠于学生读得懂的教材内容的分析，而是引导学生探究发现隐藏在文字背后的"如何写""为什么这么写"等写作方法与言语奥秘，学生充满对未知探寻的新鲜感。只有教在学生学有疑惑处、思考粗疏处，才能给学生获取新知、发现奥秘后的新鲜感、敞亮感，才能教在学生心坎上。

纵观整堂课，学生始终处于积极的探究实践、思考发现的过程中，教师没有急于把答案告诉学生，有的是耐心的等待，巧妙的追问，智慧的点化。在朗读实践中，悟得不必要写和必须要写的写作密码，而在换词、改句、仿句的实践探究中，悟得言语表达的奥秘。在教师的引领下，学生徜徉于语言文字，慢赏，细品，静思，看到了文章的写法之妙、构思之妙、遣词造句之妙，语文能力有了新的生长。

学生为本的定力，使管老师的课堂有了一份睿智的从容与大气，他给予学生充分的探究实践的过程，学生在探究中获得知识，习得能力，获取探究的成功感与阅读思辨的喜悦感。

一直很喜欢"生长"这个词，我想，学生在管老师的语文课堂上，是有"生长"的喜悦的：语文素养，思辨能力，阅读兴趣，探究意识……

"指向写作"，一个全新的研究领域，不管这个转身是否"华丽"，《黄山奇松》等课例已让我们看到管老师开拓的智慧，探索路上美丽的风景。

(许红琴)

3. 我教《滴水穿石的启示》[①]

（1）

师：课文题目一起念一念。

（生读）师：你坐得太端正了。人太端正了就会紧张，稍微放松一下。要放松也是一件很不简单的事情。你看我这个叫放松，你看他那个叫紧张。这篇课文我们预习过了吧？

生：预习过了。

师：预习要考的，考过算预习好了。第一考，课文里有三个人，哪三个？不看课文，看算作弊。

生：里面有李时珍、爱迪生和齐白石。

师：第一问过关。第二考里，有三小问，李时珍是干什么的？

生：李时珍是一个药学专家。

师：别动不动就用什么专家吓人。李时珍是干什么的？

生：是一个大夫。

师：大夫干什么的？

生：为别人治病的。

师：不就是一个看病的嘛，搞那么高深干吗呢。看着，看着，李时珍成了一个医学家。爱迪生是干什么的？

生：是一个发明家，他是发明东西的。

师：就是搞搞小发明的，小发明搞多了变成发明家。齐白石是干什

[①] 苏教版第9册，张杰点评。

么的？

生：画画的。

师：这个话我爱听。就是个画画的，画着，画着他成了——

生：画家。

师：第三考，课文有一句话，将滴水穿石的启示写得清清楚楚、明明白白，请画出来。

师（巡视，肯定画对的）：一起来读你们画的。

生：我们要铭记滴水穿石给予我们的启示，目标专一而不三心二意，持之以恒而不半途而废，就一定能够实现我们美好的理想。

师：这句话是关键句，读书要能找准关键句。念。

（生再读）师：这个关键句所讲的意思，不难理解，做事情要坚持，不要半途而废。老师跟你说过这个意思吧？

生：说过。

师：家长跟你说过类似的话吧。

生：说过。

师：都说过，一点也不难，一点也不复杂，但作者说的，跟别人说的不一样。同样的意思有一百种说法，作者的说法很不一样，一起读红色部分。

生：目标专一而不三心二意，持之以恒而不半途而废。

师：你会发现"而不"前面是一个四字词语。

生：目标专一。

师："而不"后面又是一个四字词语。

生：三心二意。

师：再看，"而不"前面又是一个四字词语。

生：持之以恒。

师:"而不"后面又是一个四字词语。

生:半途而废。

师:同样的意思,这句话的与众不同在于——

生:是反义词。

师:前后是反义,这是一种发现。还发现了什么?

生:"而不"前面是四个字,"而不"后面是四个字,字数一样多。

师:这叫对称。你们组读前面一小句,你们组读后面一小句。

生:目标专一而不三心二意。

生:持之以恒而不半途而废。

师:对称吧。这句话的意思很多人都讲过,作者讲的不一样,特别对称。一起来背。

生:目标专一而不三心二意,持之以恒而不半途而废。

师:为什么背得那么好,有人眼睛偷偷瞄了一下,现在,我挡你的前面。你来。

(生背得很好)师:真的能背。你来。

(生也背得很好)师:真的行,眼睛闭起来,背。

(生背)师:背出来了,一,你的记性好;二,作者写得好。对称的话,对称的美,往往很容易记住。

师:关键句里往往还有关键词,这句里有两个关键词,请用手指指给我看。

生:目标专一。

师:第二个。

生:持之以恒。

师:好的,一起念这两个词。

(生读)师:这叫关键词,读书要会找关键句、关键词。这篇课文有两个关键词——

生：目标专一，持之以恒。

师：今天我们学的课文是——

生：滴水穿石的启示。

师：它的启示是——

生：目标专一而不三心二意，持之以恒而不半途而废。

师：记住了吧（生答"是"），懂了吧（生答"是"），背出来了吧（生答"是"），可以下课了吧？

生：不可以。

师：课文说"滴水穿石的启示"，"启示"知道了吧，背出来了吧，下课了吧。

生：不可以。

师：还要学点什么东西呢？

生：我觉得应该要有一些明确的事例来证明这个观点。

师：到底不愧是三条杠的，每次我把话筒伸到她面前，她就很老练地一把抓过去。你说要具体的事例，谁的事例，你知道吗？

生：一个是安徽广德有一块石头，它上面长时间有一个滴水，经过长年的滴，石头上就出现一个小洞。第二是古人的事例，分别用了李时珍、爱迪生、齐白石三个人的事例，来说明目标专一和持之以恒，就一定会实现我们的理想。

师：你都知道了，你还说还要学。你是不是担心，我三条杠是知道的，没有杠的人不知道是不是？

生：我觉得应该让同学们去更深刻地了解一下。

师：你知道这三个人的故事了吧。

生$_1$：知道了。

师：你知道这三个人的故事吗？

生₂：知道了。

师：大家都知道了，知道了有什么好学的呢？你说，按你的经验该学点什么东西？

生：我觉得可以学四个事例之外的事例。

师：就是课文里没有的，我们再去找一些事例，非常抱歉，管老师没准备。

生：我觉得我们应该把这些事例一个一个学清楚。

师：怎么叫做清楚了呢，课文写得还不够清楚吗？

生：就是详细地把每一句话都分析。

师：我告诉你，我不干那傻事。

（2）

师：我干什么事呢？大家来看，"滴水穿石的启示"写了一句，一起读。

生：目标专一而不三心二意，持之以恒而不半途而废。

师：就写了这句话。课文却用一篇文章来写的。明明一句话能解决的事情，作者写成了一篇课文，作者是怎样把一句话变成一篇文的？

生（读板书）：一句话变一篇文。

师：如果我们获得这个奥秘，一句话变成一篇作文，以后写作文是不是简单了。

生：嗯，对。

师：这个奥秘很有意思吧。好，咱们就来揭开这个奥秘。揭开前先读书。读第一节。

（生读至"几百年过去了，几千年、几万年过去了"）师：停、停、停,这里不对劲,"几百年过去了",接下来有同学怎么读。几千年……

生:过去了。

师:听我读:"几百年过去了,几千年过去了,几万年过去了",这个意思跟书上的意思差不多。我再给你一种写法:"几百年,几千年,几万年过去了",意思差不多吧?你再辨一辨,差不多里还有一点点"差","差"在哪里,你们来辨一辨。同样是几万年过去了,哪一个时间过得快?

生:第二句。

师:书上呢,这么写——

生读:几百年过去了,几千年、几万年过去了。

师:跟前面两个句子比,处于什么位置?

生:中间。

师:所以,那个"过去了"不能多,得照着上面念。人家写文章不是瞎写的,这个地方没有就是没有。

生读:几百年过去了,几千年、几万年过去了。

(生读完第一节)师:看了这个奇观,作者提出了一个观点。请大家一起读第二小节。

(生读完第二节)师:他提出了一个看法,就是第二小节的最后一句话。

生:如果我们也能像水滴那样,还有什么事情做不成呢?

师:最后是个问号。在这里这个问号要读出感叹号的味道。

(生读)师:问号拉得不够直,感叹号不够直。

(生读)师:有感叹号的味道了,你来读。

(生读)师:这是作者提出的一个看法,这个看法对不对呢,要用例子去证明。第一个例子是关于李时珍的,我请你们组读,李时珍的例子结束就结束,就停,不能多一个字不能少一个字。其他组就听他们读,看他们好戏,会不会多一个字,会不会把李时珍的故事,读到爱迪生那里去。

(生读,不多不少)师:不多不少,好。现在看看你们组,你们读爱迪生的故事,读完爱迪生的故事我们停,要不多不少正好。

(生读,不多不少)师:这样读书就叫用心,你一不专心,就会读到下面去。同学们,李时珍他从小立志学医,这叫做——

生:目标专一。

师:二十多年写成药学巨著,这叫做——

生:持之以恒。

师:爱迪生从小迷恋电学实验研究,这叫做——

生:目标专一。

师:我们做个数学题,一个星期发明一项专利,一年大概有多少项?

生:大约52项。

师:一千多项,以一个星期发明一项,大概需要连续多少年?

生:大概十几年。

师:我可以肯定地跟你讲,你的计算有问题。

生:二十几年。

师:一个星期一项,也要二十多年的发明,这叫做——

生:持之以恒。

师:接着读齐白石的故事,故事读完,不要多,不要读到后面去。

(生读)师:齐白石老人画室里有一幅条幅用于自勉的,哪一幅?

生:不教一日闲过。

师:在白石老人眼里,怎样的日子叫"不教一日闲过"?

生:应该是每天都用功作画。

师:书上是写,即使到了晚年,每天都要作画三幅。

生读:不教一日闲过。

师：请问，如果是姚明，怎样才叫"不教一日闲过"？

生：天天练习篮球。

师：练习多长时间？

生：至少得练习一个小时。

师：如果他是刘翔，怎样才叫"不教一日闲过"？

生：每天练习跑步。

师：跑多久？

生：得三四个小时吧。

师：你这个教练比姚明那个严厉多了。如果他是个作家，怎样才算"不教一日闲过"？

生：每天至少要写一篇作文。

师：一篇作文是不少于400字吗？

生：是的。

师：我觉得这个作家，当起来满省力的。——如果他是个老师，怎样才算"不教一日闲过"？这次举手的人多了，我听听你们对老师的看法。

生：每天坚持备课，备得很熟练。

师：礼拜六、礼拜天让他休息吗？

生：不休息。

师：暑假、寒假让他休息吗？

生：休息。

师：如果他是个学生，怎样算是"不教一日闲过"？

生：老师布置写字，多写几遍，作业用心写，写完了再检查。

师：老师不布置作业，你们就休息？

生：不是，那自己预习，把会的都写完。

师：反正每天要做一点、学一点，这个意思吗？双休日要学一点吗？

生：要学一点。

师：寒暑假要学一点吗？

生：要学一点。

师：你一定会成为优秀的学生。同学们，"不教一日闲过"，每天坚持做一点，白石老人坚持了多少年呢？齐白石14岁开始学画、作画，一直到93岁去世，坚持了多少年？

生：79年。

师：持之以恒79年，奇迹发生了，白石老人的一幅字画，拍卖价可以拍卖到多少？猜一猜？

生：几个亿。

师：你这个牛吹大了，几个亿都要数死人的。

生：我觉得是几万、几千万。

师：几万跟几千万的差距太大了，你给一个稍微准确一点的。

生：几百万。

师：几百万，算五百万。往上猜一点点。

生：三四千万吧。

师：再往上猜一点点。

生：至少也得四五千万。

师：四五千万可以买好几栋别墅了，不过，往上猜。

生：七千万吧。

师：还得往上走。

生：十千万左右。

师：十千万，十千万是多少？

生：一个亿。

师：再往上走。

生：一亿零二百万。

师：再往上走。

生：一兆。

师：这种话太前卫了，我有点听不懂。

生：一亿二千万。

师：再往上走，你来。

生：一亿五千万。

师：我宣布，其实她一开始说的第一句话，很准。白石老人的一幅画拍卖价拍到了 4.255 亿元。

生：哇！

师：这是三个正面的例子。作者又写了一个反面例子。反面的例子是写什么的？

生：雨水。

师：正面例子写的是人，反面例子为什么不写人呢？按理来讲，正面例子写人，反面例子也应该写人。

生：这个雨水和太极洞里的水滴成对比，那个水滴能几万年持之以恒地滴在一个地方，雨水它却不能持之以恒、目标专一。

师：这个人目标专一、持之以恒，历史上留下他的名字，能举他的例子。如果这个人目标不专一，老是半途而废，你还知道这个人是谁吗？你还能举他的例子吗？

生：举不了。

师：最后，作者得出了结论，一起读。

（生读最后一节）

生（读板书）：提出看法。正面例子。反面例子。得出结论。

师：是不是这样就能把"一句话变成一篇文"呢？咱们来试试，我有个看法，课前认真预习，回家作业认真做，再复习复习。坚持这样做的同学，学习成绩一定很不错，同不同意我的观点？

生：同意。

师：我们班有没有这样的正面例子。有，谁，你的手指向谁？

生：傅羽佳。

师：哦，我们的三条杠，傅羽佳，正面例子女一号。男生有没有？原来你是男一号。我举正面例子，男一号，再举女一号。接下来，举反面例子，我们班有没有这样的同学，上课不好好听、作业不好好做、最后成绩比较糟糕的，有没有？有吧，要不要说说他的名字？

生：不说，不要说。

师：这个孩子好，大庭广众咱们就不说了，但有没有这样的同学？

生：有。

师：正面例子男一号、女一号，反面例子举两个，能写成一篇作文了吗？

生：能。

师："一句话变一篇文"原来是这么变的——

生：提出看法，正面例子，反面例子，得到结论。

师：这就是传说中的议论文。其实议论文最好写的啦。

生：正面例子。

师：举两个。

生：反面例子。

师：举两个。一篇文章出来了。

（3）

师：同学们，这篇课文哪一部分作者是最用力、最用心写的？

生：正面例子。

师：正面例子写得很长。那么长，把它分成两节，会吗？

（生练习）师：看PPT，校对一下，对的请举手，很好，请放下。

师：分两节，还是太长。上面部分分成三节，总共四节。

（稍后）师：请看PPT，校对一下，对不对？

生：对。

师：这次全对了。做老师的不能把同学考倒，这是一件很郁闷的事情。考一个难的，五节怎么分？

（师巡视全班，都否定）师：我不看你们了，我看男一号，错。女一号在哪里？女一号迟迟没有落笔。

师：请看屏幕。第一节，这样分对不对？

生：对！

师：第二节在这里对不对？

生：对。

师：第三节在这里对不对。

生：对。

师：第四节，见证奇迹的时候——省略号单独为一节。

（学生哗然）师：这个分法，课外书看到过吗？

生：有。

师：考倒学生的幸福感油然而生。同学们，正面例子这一部分，书上是一节。刚才，我们分成四节、五节。写作文，经常要分节。现在，请你当一回作家，如果你写《滴水穿石的启示》，中间第二部分正面例子，你准备写一节还是四节、五节？请把手放在背后，如果是一节，就伸一根手指，如果是四节伸四根手指，如果是五节那正好，一个手全部打开。背后的答案有没有选好？

生：选好了。

师：好，准备，伸出你的手。五，四，五……在所有伸出的手里面，有一只手应该来个特写镜头，就你一个，你起立，"十千万"同学。那么多同学都认为要四节、五节，唯独你，老师白忙活了一节课了。

生：我觉得正面例子用一节来说，就是一个整体的，没有必要分成那么多节。

师：你说放在一起是一个整体，分开了就不整体了？

生：有一点。

师：还有其他一点呢？

生：我觉得放一起比较好吧。

师：一种感觉，你请坐。感觉很重要，而且要有自己的感觉更重要。我支持你的做法。人生路上要目标专一是多么困难，管老师一忽悠，你们全部目标不专一了，你是专一的。这里，就是要写一节。两个原因。大家看，反面例子写一节，正面例子也写一节，这样读的人整体感更强、更清楚。分不分段，往后看看你就知道了。大家再看，如果分成四节、五节了，跟第一小节比，哪节长？

生：第一小节。

师：你有没有看到过作文第一小节最长的？很少的。就像家里的卫生间和客厅，很少有人家的卫生间比客厅还大的，分不分节，你还得往前看一看，分段要瞻前顾后。

生：段——瞻前顾后。

师：同学们，这是议论文的经典款，四个步骤——

生：提出看法，正面例子，反面例子，得到结论。

师：也有变化的，可以三个步骤拿掉第二部分，一起读。

生：提出看法，反面例子，得到结论。

师：也可以去掉反面例子，读。

生：提出看法，正面例子，得到结论。

师：假设《滴水穿石的启示》我不写反面例子。提出了看法，用三个正面例子，得到一个结论，也可以。再请你把手收到后面。如果《滴水穿石的启示》不写反面例子，你认为，中间的正面例子，写一节呢，还是写四节、五节呢？好，伸出你的手。我最关注"一亿"，今天你的代号叫"一亿"。她又变了，你为什么又不坚持了呢？

生：虽然感觉很重要，但还要根据这篇文章来提出不同的看法。

师：也就是说，最精彩的人生来自于感觉和理智的结合。

生：可以这么说。

师：你的理智在哪里？

生：既然反面例子没有了，那么正面例子就可以分段写了。

师：也就是说整篇文章的结构变了，它前面总也得有些地方跟着一起变。

生：对。

师：依然支持"一亿"。反面例子不写的话，三个例子，我也会写成三节，整篇文章原来是四个部分，现在变成了三个部分。有一个词叫做随机应变，分段叫做随什么应变？

生：段——随篇应变。

师：但有个问题，这个地方变成四节或五节，每一节比第一小节来得短，卫生间比客厅还大了呀。

生：这个问题我注意到了。

师：怎么样呢？有没有办法把它拉长呢？

生：翻山越岭，走遍了大半个中国，访名医，尝药草，这个地方字数写多一点，写他是怎样访名医，尝药草的。

师：可以写访了哪个名医，这个名医一下就接见他吗？这个名医一下就把他的秘方给他的吗？

生：我觉得"经过二十几年的不懈努力"，可以详细写他怎样不懈努力的。

师：这里的字数也可以拉长。

师：拉长一点，不是难事吧。如果我来拉长，我这样"拉"：有一个人到李时珍那里去看病，家里穷付不起钱，李时珍非但不要他的医药费，还抱出了一只老母鸡，让他回家炖炖汤、滋补滋补身子，这样拉长？

生：能。

师：可不可以？——有人举起了手又放下了，你为什么不支持我？

生：我认为应该按这篇文章本来的样子去改。

师：你认为这篇文章本来的样子在哪里？

生：正面例子是说，滴水穿石的目标专一、持之以恒，那个老母鸡就有点不符合他原本的样子。

师：管老师的故事离题了，主旨是写——

生：目标专一，持之以恒。

师：我跑到老母鸡、爱心上去了。同学们，今天我们学习的课文一起读。

生：滴水穿石的启示。

师：我们知道了一个奥秘，读。

生：一句话变一篇文。

师：四个步骤一起念。

生：提出看法，正面例子，反面例子，得到结论。

师：写的时候，要注意分节，分节有奥秘——

生：段瞻前顾后，随篇应变。

师：同时我们还知道了一个启示。读。

生：目标专一而不三心二意，持之以恒而不半途而废，就一定能够实现我们美好的理想。

师：这叫做——

生：关键句。

师：关键句里有——

生：关键词。

师：关键词有两个。

生：目标专一、持之以恒。

（4）

师：我觉得作者在骗人。在座的同学们，你们有没有家长或亲戚是做医生的，有没有？

生：我奶奶是一个护士长。

生：我一个叔叔是医生。

师：我有一个亲戚做医生。他18岁考医科大学，读书读了五年。23岁开始做医生，现在45岁，多少年了？

生：20多年。

师：18岁读医科大学，目标专一呀，一直做医生从来没有做其他行当，持之以恒吧？可是，到今天他还是个普通的小医生，没有成为医学家。你说是不是骗人？

生：这里的目标专一指的是，你得有很好的目标，而且持之以恒是要一直坚持往那个目标去发展。

师：你说目标专一，这个目标不是做医生就是做医生了，上面还要有一个比如说做好的医生，做最优秀的医生这样的目标？

生：是。

生：我觉得不应该只有上进心，我们做任何事情，光图名与利，这应该不是我们的目标，难道真的要一定去成什么教授什么家，才真正就是算是目标专一和持之以恒的最终目的吗？

师：你说的我赞同，叫超功利。但是孩子，功利不是错。想成为什么家也不是错，你想成为什么家，为它奋斗可以，当你成为了什么家，还想更进一步，超越功利，那是人生的最高境界。——就算你们把我刚才的问题解决了，还有第二个话题，美国有一所大学叫做哈佛大学，知道吧。

生：知道。

师：哈佛大学经过调查，经过25年的跟踪调查，结果是能持之以恒二十多年的人，都会成为这个领域的杰出人才，然而遗憾的是，世上只有3％的人能够坚持二十多年。3％是什么概念，现在30个人在这里的，3％是多少？0.9，一个还不到，马马虎虎算你们一个，就是你们30个人当中最多只能产生一个。那怎么办呢？滴水穿石的启示我们都背出来了，背出来有用吗？

生：不一定只有背出来才行，一定要实现在自己身上才行。

生：不要某一个人说什么就信他，听风就是雨的，目标专一、持之以恒，不光是为了成为杰出的人才，也可以是为社会、为自己着想，而并非听从哈佛大学的结论。

师：我以为你最后会说，也可以听从自己的召唤。

生：最后成功的人很少，但毕竟是有的。我们为什么就不能做那个目标专一、持之以恒最后实现理想的人呢？

师：为什么我就不能成为其中的3％呢？我们心里面应该留下一个坚定的信念，我就是那3％。你可以，你可以，所以我希望大家背出这句"启示"——

生：目标专一而不三心二意，持之以恒而不半途而废。就一定能够实现我们美好的理想。

师：之后留下一个数字：3％。你就是那——

生：3％。

师：我就是——

生：3％。

师：后面有个感叹号一起喊——

生：我就是3％！

师：后面加两个感叹号，喊——

生：我就是3％！！

师：加三个感叹号——

生：我就是3％！！！

师：下课。

总评

名师智慧　本色课堂

2013年5月19日，我有幸参加了在山东省济南市举办的"第五届名家人文教育高端论坛暨名师课堂研讨会"。会上，近距离地与大家接触，与名师会晤，我真切地领略到名师、名家的风采和智慧。尤其是管建刚老师执教的《滴水穿石的启示》，堪称经典。管老师超强的课堂驾驭能力，风趣的教学语言，极具个性的肢体语言，使整节课教采飞扬、亮点纷呈。以下是我对本节课的几点体会和认识。

一、目标明确，层次递进。这是一节目标明确的阅读教学课。《滴水穿石的启示》是一篇典型的议论文。管建刚老师独特的课堂教学艺术令我折服。他对文本的解读，对写作的指导，都有独到的方式和智慧。他开门见山直指文本的观点"只要目标专一，持之以恒就能取得成功"，然后提出"一句话怎样才能成为一篇文章"。管老师紧扣中心，层层递进，把一篇议论文的内容、结构、写作解读得透彻、明晰，给学生们铺垫了直指目标的学习阶梯。

二、内容丰富，步步累积。这是一堂扎扎实实的本色语文课。管老师执教的这节课，没有繁杂的手段，没有花哨的形式，朴素、真实、原汁原味，教学主线清晰，基础训练扎实，学生主体突出，思维活跃，给人耳目一新的感觉。上课不久，管老师就说："一句话已经讲清楚的道理，怎么写成一篇文章呢？今天我们就来破解一句话变一篇文的密码。"通过第一部分的学习，学生了解了议论文的结构模式。论证部分，管老师教学生如何分段。为什么要分段？分段要"思前想后"，分段还要"随文应变"，学生学习了议论文的一些变化方式。从句到段，从段到篇，清清楚楚，扎扎实实，将谋篇布局的方法如同"滴水穿石"般刻在学生的脑海里。

三、方法多样，亮点纷呈。这是一节向学生"授之以渔"的技能课。不仅让学生学会，还让学生会学。管老师在课堂上不仅教给学生课文知识，更注重教给学生学习的方法。他从文章题目入手，让学生了解作者的观点，指导学生边读边思，并着重抓住与"滴水穿石"相关的重点词语进行点拨引领，帮助学生在理解课文的同时把握课文的重点。接着，在对三个事例的研究中了解了说理文正反对比、摆事实、讲道理等表达方式的作用。自助探究的学习方式让学生轻松地内化了文章的表达方式。他引导学生通过朗读，找关键词语，在读中感知、感受、感悟，自己则成为一个聆听者、点拨者，来往于评价；课堂气氛因这样的互动而活跃。每个教学环节教学方法多样、亮点频闪。

四、热情洋溢，互动频频。这是一节睿智风趣的聊天课。课始的三问"李时珍是干什么的""爱迪生是干什么的""齐白石是干什么的"，不仅检查了预习，而且不允许学生说"家"这个字，"李时珍就是个看病的，爱迪生就是个搞小发明的，齐白石就是个画画的……画着画着就成了大画家"，无形中淡化了学生的名人意识，把这些伟人请回原点，暗示成才、成名、成家，无非坚持而已，从而更好地感悟他们的成功历程。管老师在课堂上幽默的语言，忘我的投入，使整个课堂气氛十分活跃，学生都能积极地融入课堂，教学达到了预期目的。

如此的课堂氛围，孩子既学到了知识，也学会了方法；学生有话要说、有话可说、有话敢说，在活跃的气氛中互动。如果要用一个词来形容这样的课堂，那就是"返璞归真"，孩子们的学习角色变被动为主动，学到的知识不仅全面，而且是刻骨铭心的。我想到了这样的一句话：给孩子们一个舞台，孩子们就会还你一份精彩！

(张杰)

4. 我教《春联》[1]

(1)

(生读课题) 师：这是一篇说明文。说明文，有的说明有生命的，老虎啊、狮子啊、喇叭花啦，这一类叫什么？

生：生物。

师：也有的说明文，说明没有生命的东西，这一类叫——

---

[1] 苏教版第8册，高子阳点评。

生：死物。（众笑）

师：叫物体。这一篇说明文，说明的物体是——

生：春联。

师：春联属于——

生：物体。

【赏评：新课程改革以来，各类型公开课上开篇直言文体的小学语文课堂几乎看不见。管先生倡导指向写作的阅读教学，所以我们看得见了！对于学生来说是幸事。因为非常认同管先生的指向写作的阅读教学，当在四年级的语文课堂中听到了"说明文"一词，自然不感意外，因为这是带有语文标志符号的真正的语文课。】

师：说明文，一般要说明事物的特点和作用。春联有什么特点呢？春联有什么作用呢？快速浏览第一节，有一句现成的句子。

生（圈画后）：新春佳节，家家户户张贴大红春联，给节日增添了不少欢乐祥和的气氛。

师：对，就是这句。这是个关键句。关键句里有关键词，哪一个呢？

（不少学生圈画"欢乐祥和"）师：水平一般的，往往圈画连在一起的；有水平的，能前后挑出关键的词，组合在一起。

生：增添气氛。

师：这就叫有水平。——课文写了春联的两个特点。第二节写了一个特点，第三节也写了一个特点。左边的同学，找第二节里的特点，右边的同学找第三节里的特点。

生：第二节的特点是"对仗"。

生：第三节的特点是"抑扬顿挫、和谐动听"。

师：对。"抑扬顿挫、和谐动听"，用三个字来表示，哪三个？

生：声律美。

师：两者之间，应该用一个什么标点？

生：冒号。

师："对仗"，用八个字来表示，哪八个？

生：字数相等、词类相当。

（回顾板书）师小结：这是一篇说明文。说明的是——（生：春联）。说明文一般要说明它的作用和特点。春联的作用——（生：增添气氛）；春联的特点是——（生：对仗美、声律美）。

【赏评：管先生在千课万人活动上完此课后，讨论、辩论就开始了。有人认为管先生将《春联》确定为说明文是不当的。由于大陆的小学语文课文均没有标名文体（台湾的三套小学语文教材，每个单元前面都清楚写明了文体，大陆的小学语文教学参考书上也没有写清楚），的确给一线教师带来了许多麻烦。因为文体有很多种，教材选文多是改编，让教师真的难以确定一些课文到底属于什么文体。管先生将《春联》确定为说明文，自有他的道理。你看，他以"说明文，一般要说明事物的特点和作用"引领，学生的确在课文中找到了春联的两大特点及作用。】

（2）

①读春联

师：说明文，有很多的说明方法，什么打比方、列数字、举例子啊。《春联》用得最多的是"举例子"（板书）。为了说明春联"增添气氛"的作用，作者举了4副春联的例子。请画出来。

生（朗读）：

又是一年芳草绿，依然十里杏花红。

春回大地千山秀，日照神州百业兴。

勤劳门第春光好，和睦人家幸福多。

梅开春烂漫，竹报岁平安。

师：春联中，有的描绘了美丽的春光，如——

生：又是一年芳草绿，依然十里杏花红。

师：有的展现了祖国欣欣向荣的景象，如——

生：春回大地千山秀，日照神州百业兴。

师：有的歌颂了劳动人民幸福美好的生活，如——

生：勤劳门第春光好，和睦人家幸福多。

师：更多的是表达了人们对新的一年的美好祝愿，如——

生：梅开春烂漫，竹报岁平安。

师（引读）："又是一年芳草绿，依然十里杏花红"，它描绘了——

生：美丽的春光。

师："春回大地千山秀，日照神州百业兴"，它展现了——

生：祖国欣欣向荣的景象。

师："勤劳门第春光好，和睦人家幸福多"，它——

生：歌颂了劳动人民幸福美好的生活。

师："梅开春烂漫，竹报岁平安"，它——

生：表达了人们对新的一年的美好祝愿。

【赏评：既然是说明文，说明方法肯定是重点。当下流行翻转课堂教学理念，由于是公开课，学生没有预习，因此此课无法运用翻转思维教学，本来学生可以懂得的说明方法，教师只能直接告诉，直接用文中的几副春联来讲解。这也说明，以前没有明确的说明文教学存在的问题。假如以前的课文教学，文体清晰，此处教学，学生会自动用说明方法认识春联。】

②换春联

师：春联当然不止这四副，请看——

（PPT出示）生读：

山河增秀色，大地沐春晖。

神州有天皆丽日，祖国无处不春风。

岁岁年丰添美满，家家幸福庆团圆。

鹊闹枝头传喜讯，梅开窗外报新春。

师：有的描绘了美丽的春光，如——

生：山河增秀色，大地沐春晖。

师：有的展现了祖国欣欣向荣的景象，如——

生：神州有天皆丽日，祖国无处不春风。

师：有的歌颂了劳动人民幸福美好的生活，如——

生：岁岁年丰添美满，家家幸福庆团圆。

师：更多的是表达了人们对新的一年的美好祝愿，如——

生：鹊闹枝头传喜讯，梅开窗外报新春。

师：同学们，考考你：不用书上四个，改用这里的四个，可不可以？

生：可以。

师：对，例子嘛，可以换。

③选春联

师：生活中的春联有很多，请看——

师出示——

四面青山披锦绣，三江绿水涌春波。

和风吹绿江南柳，春雨催开塞北花。

大业中兴歌盛世，神州此日正高秋。

人民江山千秋固，祖国风物万年春。

勤劳门第家家富，节俭持家年年丰。

一家和睦一家福，四季平安四季春。

九州瑞气迎春到，四海祥云降福来。

事业有成步步高，财源广进年年发。

师：有的描绘了美丽的春光，如——

生：四面青山披锦绣，三江绿水涌春波。

师：有的展现了祖国欣欣向荣的景象，如——

生：大业中兴歌盛世，神州此日正高秋。

师：有的歌颂了劳动人民幸福美好的生活，如——

生：勤劳门第家家富，节俭持家年年丰。

师：更多的是表达了人们对新的一年的美好祝愿，如——

生：事业有成步步高，财源广进年年发。

师：这副春联要记住，过年了，你可以用它，跟爸爸说一句祝福的话。谁会？

生：爸爸，新的一年里，我祝你"事业有成步步高，财源广进年年发"。

师：这么一说，爸爸肯定给你一个大红包。——谁愿意用这句话，跟管老师说一句祝福的话，不过，我可没有红包啊。（生笑）

生：管老师，我祝贺你新的一年里"事业有成步步高，财源广进年年发"。

师：同学们，再考考你：不用书上四个，改用这里的四个，可不可以？

生：可以。

师：对，例子嘛，可以换。——同学们，作者将那么多的春联，分为了四类，第一类——

生：描绘美丽的春光。

师：第二类——

生：展现祖国欣欣向荣的景象。

师：第三类——

生：歌颂劳动人民幸福美好的生活。

师：第四类——

生：表达人们对新的一年的美好祝愿。

师：这是作者的本事。能够将那么多的春联，分成四类，分类，写说明文的本领。（板书："分好类"）

【赏评：换，是一种创作智慧。台湾著名儿童文学作家林世仁有本桥梁书《换换书》，读这本书可以明白"换"的创造性。管先生运用换内容的方式让学生不仅认识了更多的春联，更让学生悟得，掌握更多的春联也可创作类似的说明文。】

（3）

师：这四类，有没有必然的先后顺序？

生（读原文）：

有的描绘了美丽的春光

有的展现了祖国欣欣向荣的景象

有的歌颂了劳动人民幸福美好的生活

更多的是表达了人们对新的一年的美好祝愿

师：可以不可以改为——

更多的是表达了人们对新的一年的美好祝愿

有的描绘了美丽的春光

有的展现了祖国欣欣向荣的景象

有的歌颂了劳动人民幸福美好的生活

生：不可以。"更多的"要放在最后。

师：那可不可以改为——

有的展现了祖国欣欣向荣的景象

有的描绘了美丽的春光

有的歌颂了劳动人民幸福美好的生活

更多的是表达了人们对新的一年的美好祝愿

（生不确定，似乎可以）

生：不可以。第一类是"春光"，春光是全世界的。第二类是"祖国"，第三类是"人民"，一个比一个小。

师：对。还有一个原因，大家看字数，一句比一句长。有的时候，字数的长短，也是一种顺序。

【赏评：创作一个作品，不可能缺少逻辑思考，先写什么，再写什么，最后写什么，这是作者必须考虑的事，因为优秀的作者明白读者的内心都是吹毛求疵的。管先生这么教，其实是让学生在阅读思考中感受到创作不可缺少这一智慧。】

（4）

（回顾板书）师：课文的第一节，写"作用"，作者举了四个春联的例子。写特点"对仗"，举了一副春联的例子，哪一副？

生：绿柳舒眉辞旧岁，红桃开口贺新年。

师：我有个本领，能把"绿柳舒眉辞旧岁，红桃开口贺新年"，换成"又是一年芳草绿，依然十里杏花红"，写这一节。听我读。如果你们觉得我换得有道理，认同我的本领，就接着读"上下联不仅字数相等，而且词类相当"。

师：春联最讲究对仗。就拿"又是一年芳草绿，依然十里杏花红"来说，"又是"对"依然"，"一年"对"十里"，"芳草"对"杏花"，"绿"对"红"。

众读：上下联不仅字数相等，而且词类相当，细心揣摩体会，能从中学到一些使用文字的技巧。

师：谁也有这个本领，用"勤劳门第春光好，和睦人家幸福多"读这一节？

生：春联最讲究对仗。就拿"勤劳门第春光好，和睦人家幸福多"来说，"勤劳"对"和睦"，"门第"对"人家"，"春光好"对"幸福多"。

众读：上下联不仅字数相等，而且词类相当，细心揣摩体会，能从中学到一些使用文字的技巧。

师：棒！这两副春联，都是书上的。这里有一副，不是书上的——岁岁年丰添美满，家家幸福庆团圆。谁能用它来说这一段话。

生：春联最讲究对仗。就拿"岁岁年丰添美满，家家幸福庆团圆"来说，"岁岁"对"家家"，"年丰"对"幸福"，"添"对"庆"，"美满"对"团圆"。

众读：上下联不仅字数相等，而且词类相当，细心揣摩体会，能从中学到一些使用文字的技巧。

师：下一副春联，我还没有出示，谁确保自己已经会了？

生：我来。

师出示——

一家和睦一家福，_____平安四季春。

（生傻了）师：看来，冒险是要付出代价的。（众笑）——先补充完整，谁会？

生：一家和睦一家福，四季平安四季春。

师：正确。你以前见过这副春联吧？

生：不是。前面半句，有两个"一家"，后面这句应该有两个"四季"。

师：哦，你是根据春联的哪个特点来判断的？

生：词类相当、字数相等。

师：对，可以用这个法子来补。——这一副呢——

师出示——

山山水水处处画，家家____年____丰。

生：山山水水处处画，家家户户年年丰。

生：春联最讲究对仗。就拿"山山水水处处画，家家户户年年丰"来说，"山山水水"对"家家户户"，"处处"对"年年"，"画"对"丰"。

生：上下联不仅字数相等，而且词类相当，细心揣摩体会，能从中学到一些使用文字的技巧。

师：请问，第二节，不用书上的，改用"山山水水处处画，家家户户年年丰"，可不可以？

生：可以。

师：对，可以。——请问，第二节，不用书上的，改用"一家和睦一家福，四季平安四季春"，可不可以？

生：可以。

师：对，可以。——请问，第二节，不用书上的，改用"勤劳门第春光好，和睦人家幸福多"，可不可以？

生：可以。

师：错，不可以！

（生疑惑）师：100％不可以，你看一下第一节。

生（恍然）：这副春联，第一节里用过了。

师：一般来说，举例子，不重复。

【赏评：非常欣赏这一教学片段。在换换中，学生进入了一种思考状态，这种状态不是属于传统的阅读教学中理解重难点的思考，而是对写作技巧的深刻理解。创作一篇文章，举例子，真的不能重来重去，管先生此处教学没有直接告诉，而是以高超的教学艺术，让学生顿悟。】

(5)

师：第一节，作者举了四副春联作例子——

生（读）：又是一年芳草绿，依然十里杏花红。

春回大地千山秀，日照神州百业兴。

勤劳门第春光好，和睦人家幸福多。

梅开春烂漫，竹报岁平安。

师：第二节，举了一副春联作例子——

生：绿柳舒眉辞旧岁，红桃开口贺新年。

师：第三节，作者举了几副春联作例子？

生（寻找）：一副也没有。

师：这就奇怪了，老大"作用"举了四个例子，老二"特点1：对仗"举了一个例子，凭什么老三"特点2：声律美"一个例子也不给？

生（答不上来，读）：春联读起来抑扬顿挫，和谐动听。如果下功夫背诵一批名联，就能帮助我们感受到其中的声律美，领略祖国语言的无穷奥妙。

师：声律美，对于你们四年级的学生来讲，不是举几个例子能讲清楚的，所以作者索性不讲，作者说，对于你们来讲，关键是"下功夫背诵一批名联"。

（师请男生推荐一位女生，女生推荐一位男生，PK，抑扬顿挫、和谐动听地读书上的五副春联。）

师：这就叫"抑扬顿挫、和谐动听"，两位同学平分秋色。现在，你们各自带男生队、女生队，诵读PK。

（男生代表带领男生朗读，女生代表带领男生朗读。）

师：男生有男生的特色，女生有女生的特色，这样读，就能感受到春联特有的"抑扬顿挫、和谐动听"。

（男女生队，"抑扬顿挫、和谐动听"地PK背春联。）

师：这样读春联、背春联，背5副，10副，50副，春联的"声律美"你就感受到了。

【赏评：英国Peter Fredderick先生有部著作叫《有说服力的写作》，他在书中告诉我们读者有六大特征，其中一条是"读者会自己解读。很多事不要说得太明白，该略则略"。马克•吐温说："一本书的成功不在于你写了什么，而在于你省略了什么。"《春联》一课，讲作用举了四个例子，讲对仗举了一个例子，讲声律美一个例子都没举。这是对读者的尊重，是对读者的理解。这种该略则略的写作智慧，管先生引领得有味儿。】

（6）

（回顾板书）师：这是一篇说明文，说明的对象是——

生：春联。

师：说明文一般会说明它的"作用"和"特点"。春联的作用是——

生：增添气氛。

师：春联的特点是——

生：对仗、声律美。

师：说明文有很多说明的方法，举例子、打比方、列数字等。这篇课文主要的方法是——

生：举例子。

师：举例子要注意——

生：分好类、排好序、不重复。

（生答一个，师擦一个，黑板回复课前的一干二净）

师：商场里有很多"包包"，请问，怎么分类呢？如男人的包包……

生：男人的包包、女人的包包、小孩的包包。

师：如果先写单肩背的包包呢？

生：单肩背的包包、双肩背的包包、不能背的包包。

师：这样的顺序好不好？

生：不好。应该是不能背的包包、单肩背的包包、双肩背的包包。

师：不仅要分好类，还要排好序。——今天的课，就上到这里，下课。

板书

```
              春  联

作用：增添气氛              分好类

特点：对仗：字数相等
          词类相当        举例子：排好序
      声律美：抑扬顿挫
          和谐动听              不重复
```

总评

"在阅读中学写作， 在写作中进行阅读"

因为管先生的这一革命行动，让我研究了"课文"。研究结果，可谓触目惊心！多少年来，我与众多教师一样，真的不知道"课文"一词的发展史，不知道，我们也就无法把课文教出课文味。什么是课文？

1. "课文"最早记录在南朝时期刘勰的《文心雕龙·指瑕》中，"《雅》《颂》未闻，汉魏莫用，悬领似如可辩，课文了不成义，斯实情讹之所变，文浇之致弊。"西北师范学院教授、古籍整理研究所所长郭晋希（1916－1998）在其专著《文心雕龙释注十八篇》（1963年出版）中注："课，责也。引申有推求之义。课文，即推敲文字。"

2. 明朝儒学大师、军事家、散文家、抗倭英雄唐顺之（1507－1560，江苏武进人）的《章孺人传》有这么一段文字："两弟夜读书，课文夜过半，孺人即又虑其劳以病也。"这个课文是何意呢？语言学家认为，这个课文是督促读书、做文章的意思。

3. 我国木半湖文派的创始人、清朝吴敏树（1805—1873）在《业师两先生传》中写道："先生怪其课文有异，召诘之曰：'汝年少，文字当令生嫩秀发，奈何作如许老成状?'"这里的课文又是何义呢？语言学家说，这个课文是"窗课"的意思。那什么是窗课？旧指私塾中学生习作的诗文。

整体思考，我们应该共同承认先人的伟大，他们的视角是独特的。吴敏树的解释不是否定唐顺之的，唐顺之的解释不是否定刘勰的，这是了不起的、创造性极强的传承与创新。今天的"课文"解释（教科书中的正文），很明显是重打锣另开戏式的表现，说是对先人的诸多成果彻底性的否定，没有错。这种否定让绝大多数的语文教师，教了几十年语文，却不知道课文的真正涵义。在不知道涵义的情况下，怎么可能知道课文内藏着丰富的思想？而从我国"课文"这些丰富的内涵来看，课文教学，有如下三件事要做的：

一是课文中的字词句段篇等需要推敲。关于这一内容，语文教师都有关注，但推敲的力度还不是那么大。"推"好还是"敲"好，只有真正的"推"了，"敲"了，才能知道。管先生在《春联》中的若干推敲，体现了课文教学的这一本质。

二是不要把课文教成终点，要教成起点，要有课程意识，要让学生学了课文并能去读相关的整本书，关于这一点，我们做得不好。原因非常简单，我国中小学课文教学，有一种非常特别的现象，那就是一篇课文只能教1－3课时（小学语文教材有精读课文和独立阅读课文，独立阅读课文只能教1课时、精读课文只能教两三课时），一学期要学三四十篇课文。那么多课文，老师们教得很累，整天都在赶课时，哪有时间引导学生学完每篇课文再去读相关的整本书？而《春联》对于我国来说，何止一本书？管先生拿出那么多春联，其实就是在课堂给予学生一种大阅读的思维。

三是通过课文中"写作"的教学，促使学生做真正有创意的文章。我个人觉得，当老师们真正了解先人"课文"之解释后，盲目反对指向写作的阅读教学的声音就会消逝。而每篇课文，都融入了编者很多东西，虽然选文肯定还存在着一些问题，但大多数的课文还是可以作为写作范文的，而我们绝大多数语文教师因为没有接受过写作学的专业培养，对创作非常陌生（我们的课程标准只字不提创作），让他们把课文中的写作"范儿"一一弄出来的确是相当困难的，老师们从课文中弄不出来"写作"，让课文学习促使学生做出真正的文章，当然也是很难的。管先生因为在写作上研究很久了，在写作上，他是行家，所以短短的《春联》让他发现到许多"写作"，这是只关注阅读教学，不研究或者很少研究写作教学的教师所不具备的能力。

听管先生的课，你会发现学生没有拒绝指向写作的阅读课堂，他们乐在其中，悟出写作之道，多好呀！我们老师为什么要严词拒绝呢？

斯蒂芬·克拉生有本著作叫《阅读的力量》，书中有这样的结论："人们一般的想法是写作能力是从实际写作过程中培养的，这是错误的说法。史密斯在1988年就通过实验告诉我们为何不能从写作过程中学写作。写作风格来自阅读而不是写作的假设，也与我们对语言学习的了解一致：语言学习从输入的信息中产生，而不是输出的信息；从理解而来，而不是制造。因此，如果你每天写一页的东西，你的写作风格或是驾驭文字的能力并不会进步。在阅读中学写作，在写作中进行阅读，一个人才会有驾驭文字的能力。"指向写作的阅读教学，其实就是在阅读中学真正的写作。

（高子阳）

5. 我教《泉城》[①]

（1）选材

师：《泉城》读熟了吧？——考考你。"泉城"是哪个城市？

生：济南。

师：第二问："泉城"济南，有名的泉，共有几个？

生：72个。

师：第三问：课文写了几个泉，是哪几个？

生：4个。珍珠泉、五龙潭、黑虎泉和趵突泉。

师：课文中有一句话，可以回答第三问，哪一句？看谁找得快。

生："其中最著名的要数珍珠泉、五龙潭、黑虎泉和趵突泉了。"

（出示句子，齐读，男生读，女生读，背。）

师："泉城"济南，有名的泉还有——

生：柳絮泉、卧牛泉、无忧泉、金线泉、溪亭泉、芙蓉泉。

师：光听名字，有想去的吗？

生：我想去"无忧泉"，是不是喝了那里的泉水，就没有忧愁了。

生：我想去"卧牛泉"，我猜那个地方像一头"卧牛"，我要去看看是不是这么回事。

生：我想去"柳絮泉"，我想不明白，怎么会有"柳絮"一样的泉，我想去亲眼看看。

师：这些泉，也很有意思，也很值得写。——书上为什么只写这

[①] 苏教版第8册，倪建斌点评。

四个?

生：因为这四个泉，最有名。

生（齐读）："其中最著名的要数珍珠泉、五龙潭、黑虎泉和趵突泉了。"

师：珍珠泉、五龙潭、黑虎泉和趵突泉，最有名，排列72泉的第四、第三、第二、第一名。你去旅游，会看到很多景点，十个、十几。选哪些写？像课文那样，选最有名的；也可以选最有感触的。总之，一个"最"字。——对了，72泉的第一名是谁？

生：趵突泉。

（2）顺序

①顺序

师：课文写了四个泉，它们的出场顺序是怎样的？

生：珍珠泉、五龙潭、黑虎泉，最后是趵突泉。

师：是的，我们从"其中最著名的要数珍珠泉、五龙潭、黑虎泉和趵突泉了"，就能回答。然而，下文具体些，是不是按这个顺序写的？我们一起读课文的第二、三、四、五节。

（生读，师板书"珍珠泉、五龙潭、黑虎泉、趵突泉"。）

师：第一节的最后一句，是下文的"总起句"。"总起句"的顺序，和后面段落的顺序，要一致。

②对应

师：如果"其中最著名的要数珍珠泉、五龙潭、黑虎泉和趵突泉了"，改为"其中最著名的要数趵突泉、黑虎泉、五龙潭和珍珠泉了。"后面的段落，顺序上应该有什么变化？

生：第二节应该写趵突泉，第三节应该写黑虎泉，第四节应该写五龙潭,第五节应该写珍珠泉。

师:如果改为"其中最著名的要数黑虎泉、趵突泉、五龙潭和珍珠泉了",后面的段落应该怎么排列?

生:第二节写黑虎泉,第三节写趵突泉,第四节写五龙潭,第五节写珍珠泉。

师:这样,"总起句"里的顺序,和后面的段落的顺序,一致起来。

③最优

生(读):"其中最著名的要数珍珠泉、五龙潭、黑虎泉和趵突泉了。"

师:这句话,能不能改为"其中最著名的要数珍珠泉、黑虎泉、五龙潭和趵突泉了"?

(出示资料截屏:……分布着最负盛名的趵突泉、黑虎泉、五龙潭和珍珠泉四大泉群……)

生(恍然):不能。课文是按照第四名、第三名、第二名、第一名的顺序写的。改的句子,变成了第四、第二、第三、第一,没有顺序了。

师:那么,这一句,有没有顺序:"其中最著名的要数趵突泉、黑虎泉、五龙潭和珍珠泉了。"生:有顺序,第一名、第二名、第三名和第四名。

师:可以按这样的顺序写吗?——请思考,做出选择。

(稍后)师:选择可以的,请举右手;选择不可以的,举左手。

(不少同学举起了右手,表示同意。)

师:是的,按一、二、三、四名来写,也是个顺序,然而,却不是最好的。——你们看过运动会颁奖吗?先出场的是第几名?

生(恍然):先是第三名,再是第二名,最后是第一名。

师:第一名放在最后,能吸引看的人、读的人,作者把第一名的趵突泉放在最后,也是这个理。

（3）特点

师：选好了材料，排好了顺序，能不能动笔写作文了呢？——不能。还有一关：要找出每个"泉"的特点。只有找到了它们各自的"特点"，才能动笔。不然，写来写去，都是泉水流啊流，一直流。

师：珍珠泉的特点，我从这句话里找到的——泉水从地下往上涌，好像一串串珍珠。

生（读后）：是一个"涌"字。

师：其他几个"泉"，是什么特点？请你默读，边读边圈画出代表它特点的字、词。

（生默读、圈画、交流，形成板书）

珍珠泉——涌

五龙潭——汇注

黑虎泉——喷吐

趵突泉——冒

师："五龙潭"为什么是"汇注"呢？

生："五龙潭在旧城的西门外，由五处泉水汇注而成，所以人们称它'五龙潭'。"从这里看出来的。

师："黑虎泉"为什么是"喷吐"？

生："泉口是用石头雕成的三个老虎头，泉水便从老虎的口里不断地喷吐出来。"我从这里读出来的。

师：珍珠泉的特点是"涌"，趵突泉的特点是"冒"。"涌"，字典的意思是："水由下向上冒出来。"这么说，"冒"和"涌"，意思一样。你同意吗？

（生难以决断）师：不急，我们读一下写"涌"、写"冒"的句子，或许句子里，会给我们答案。

- 泉水从地下往上涌，好像一串串珍珠。在阳光的映照下，那珠串<u>忽聚忽散，忽断忽续，忽急忽缓</u>，仿佛有一只神奇的手把它们拎到了水面上来。

- 池里的水很清，游鱼水藻都可以看得清清楚楚。<u>泉池正中有三股比吊桶还粗的清泉，咕嘟咕嘟地从泉底往上冒</u>，如同三堆白雪。

（生读后，师请学生读画线的句子）

生："冒"比"涌"更有力气。珍珠泉的"涌"，断断续续的；趵突泉的"冒"，咕嘟咕嘟的，很有力。

师：是的，趵突泉的"冒"，更有力，更有生机，因此，它是老大，天下第一泉！——我们读趵突泉的话，注意，读出它的"冒"的力气、生机。

（4）语言

师：选好了材料，排好了顺序，找好了特点，这下，可以写了。——写出来的文章，是好，还是一般，有一个重要的条件：看语言好不好。这篇课文，材料选得好，顺序排得好，特点找得好，语言好不好呢？这一点也好的话，那就百分百了。——请你默默地、又是细致地读课文：课文里，有令你心动的、美的语言吗？有的话，画出来。

（生默读，圈画，交流）

这些泉有的白浪翻滚，好像银花盛开；有的晶莹剔透，好像明珠散落；有的声音洪大，听起来如虎啸狮吼；有的声音低细，听起来如秋雨潇潇。

生：我认为这句话很美，用了四个"有的"，排比句，还有"好像"，用了比喻。

师：一句话里，用了两个修辞手法：排比、比喻，确实不错。一起读。

（生读）师：这句话，更值得我们欣赏的是，每个有的后面，都是四字词语。

生（读）：白浪翻滚，晶莹剔透，声音洪大，声音低细。

师："好像"后面，也是四字词语。

生（读）：银花盛开，明珠散落。

师："听起来如"的后面，也是四字词语。

生（读）：虎啸狮吼，秋雨潇潇。

师：这么多的四字词语，是作者无意中碰到的吗？

生：不是。

师：这是作者苦心经营，才经营出那么有节奏、有美感的句子。一起读。

（生读）师：这样的句子，要背啊。

（生练习背，齐背，指名背）

在阳光的映照下，那珠串忽聚忽散，忽断忽续，忽急忽缓，仿佛有一只神奇的手把它们拎到了水面上来。

生：这句话里的"忽聚忽散，忽断忽续，忽急忽缓"，也都是四字词语，很有节奏。

师：这十二个字里，还有三组反义字，看出来了吗？

生："聚""散"，"断""续"，"急""缓"。

生：我还很喜欢"拎"这个字。

（生齐读、男女生比赛背）

师：总的来说，你给这篇课文的"语言美"，打几分？

生：100分。

生：90分，有些地方，写五龙潭、黑虎泉，我觉得不怎么好。

师：的确，我也觉得，有些地方，写得不太美。一篇文章，段段都美，那样的好文章，恐怕可遇不可求。——同学们，也正因为一篇文章，不可能完美无缺，因此，读书，要有自己的眼光。

师（指板书）：一篇好的写景的文章，有四个条件——

生（读）：选好材料、排好顺序、找好特点、写好语言。

师：《泉城》，总体来看，算很不错的啦。下课。

板书

选好材料	4 珍珠泉——涌
排好顺序	3 五龙潭——汇注
找好特点	2 黑虎泉——喷吐
写好语言	1 趵突泉——冒

总评

写作意识：一种被忽视的阅读思维

（一）

阅读作为一种行为，有不同的视角和不同的目的。有的人为了解闷阅读，他们关注文本的内容，故事的情节；有的人为了获得信息阅读，他们关注文本的内容和知识的准确性；有的人进行文学欣赏阅读，他们会关注作品的艺术性。作为学习语文的小学生进行阅读，除了要关注文本的内容，还要关注文本的形式，需要养成一种"课文是如何写成"的阅读思维方式，并且以这样的思维帮助日后写作。我想把这种阅读思维称为"写作意识"。

"写作意识"是一种重要的语文阅读思维,"写作意识"的培养是语文阅读教学中不可忽视的教学任务。以小学生阅读的规律看,他们善于关注文本的情节和内容,善于走进人物的内心产生阅读共鸣,获得情感体验。而文本如何表达,文章如何构思,这些隐藏于文本内容背后的语文"本体性知识",学生不善于关注且难以理解。这就要求教师在阅读教学中培养新的阅读思维方式,培养学生阅读中的"写作意识"。这是学生学习语文的实际需要,"内容理解"并非阅读教学的唯一,培养"写作意识"应该占有一席之地。

然而,长期以来,语文课堂保持着"指向内容理解"的价值取向:"指向内容理解"的阅读课,重视朗读、注重感悟,课堂以朗读、对话为主。这类课堂从课改初期开始,对于改变教师繁琐分析、满堂习题的陈旧教法确实起到了重要作用。通过阅读感悟,促进学生对课文内容、思想情感的深入理解并培养语感。这样指向内容理解的课堂,过于强化对文字内容和思想感情的领悟。学生能读懂的,仍要反复引领,深入解读,花费时间过多,影响阅读教学其他重要任务。学生不善于理解"课文是怎么写出来的",偏偏没有花功夫、下力气研究怎么教,日积月累,孩子的"写作意识"发展缓慢,大大滞后于"内容意识"的发展。

(二)

也有部分"关注语言"的阅读教学。教师意识到语文教学需要关注"文本形式",课堂注重品味言语特点,揣摩字词句段的表达效果,如教师让学生探讨"哪里写得好?""这个词语有什么效果?""这样写采用了什么方法?"……这种尝试,其实质,也是以内容的理解为前提,教师在总结中点出文本形式或者写作特色,如果一定要说差别,可能增强了一点零散的"语言意识"。这样的教,主要目的仍然是理解内容,然后才点到语言形式，有一种"兼带"教学的味道，隔靴搔痒；其次，这类教学往往采用"告诉"学生的方式，教学方法显然单一而浅薄，教得匆忙、教的零碎，忽视了学生的认知特点，效果并不明显。

目前，虽然大家关注"文本是怎样表达的"，但是事实上恰恰是被忽视的。"指向写作"的阅读教学，注重培养"写作意识"，有一个具体的抓手，是一种有效而可行的教学实践。

例如教学《泉城》一课，许多老师落点在"感受四大名泉的特点"上，指导学生反复品读课文，从字词中体会珍珠泉、五龙潭、黑虎泉、趵突泉的特点——这样的教学，就是为了强化课文内容，增强理解的深刻性。管建刚老师在执教本课时落点于"文章怎么写的?"——课文怎么选材，按什么顺序表达。他让学生思考"济南有72名泉，为什么作者只写四大名泉"，从而明白写游记选最有名、最有感触的材料，写文章选择最典型的内容。管老师还让学生关注文章的"总起句"与下文段落顺序的一致性。他让学生讨论更改"总起句"顺序后，下文四大名泉的先后顺序如何调整，通过比较，让学生明白段落之间要精心安排顺序，从而提高学生对段落布局的认识，帮助他们获得架构文章的基本方法，培养了学生"篇"的感觉。这种"篇感"的培养，就是一种很好的"写作意识"的培养。"指向写作"的阅读教学，抓住了文章的体式特点，指导学生在阅读中领会写作文章的奥妙，确定的教学内容更接近语文的核心价值。

(三)

写作能力是语文素养的综合体现。阅读是如何为写作能力奠基的呢?阅读为写作提供了什么呢?我想首先是精彩的语言和文字表达的技巧。这种作用，主要体现在写作的"起草"阶段。许多老师意识到这一联系，因此不仅让学生进行广泛阅读，还要进行摘抄。一些热爱文学的少年，自觉模仿的就是精彩的语言，对于这类文字技巧，他们能学并且愿意学。可是，摘抄的主要功能就是积累语言，这种学习单一而低效，造成大部分学生厌恶摘抄。阅读为写作能力奠基的第二个重要作用是形成架构文章的能力——构思能力。这种作用主要体现在写作的"构思"阶段，他先于起草，直接决定文章的质量。这第二项作用是隐性的，容易被人忽视，恰恰比第一项更重要。"构思能力"是一种"默会知识"，因为他确实存在，但不易言说，加上写作的"构思"阶段存有隐蔽性，更容易让人忽略。"指向写作"的阅读教学，恰恰抓住学生容易忽略的"默会知识"展开教学，让写作成为一种可以言说的快乐，让学生真真切切地感知并理解构思的存在及效果。通过一定"量"的积累，指向写作的阅读教学必然能促进学生了解谋篇布局的一般规律，认识不同文体的表达方式，发展"写作意识"。阅读教学中，文章的内容是摆在那儿的，而表达的方法是含在文本背后的，文章的奥秘是隐蔽的，学生不容易发现，教师常常会忽视。指向写作的阅读教学凸显了阅读的第二项功能——促进写作的构思能力。从这个角度说，"指向写作"的阅读教学培养了真正的写作能力。

（四）

与传统阅读教学对字词句的品读感悟不同，"指向写作"的阅读教学从"成篇"文章入手，整体观照，前后关联，有利于选择写作构思中的程序性知识作为教学内容，如段落之间的联系、材料的选择……更有利于学生掌握某些表达的方法与技巧。例如管建刚老师在教学《泉城》一课，引导学生从写作文章的过程来阅读课文，通过教学，指导学生形成"选好材料、排好顺序、找好特点、写好语言"的写作意识。学生从整篇文章入手，对构思文章的过程有一个完整而具体的认识，帮助学生形成"篇感"，提升了整体把握的能力。指向"整篇文章"的阅读，有效避免了零敲碎打而造成的"只见树木不见森林"的现象。

同是《泉城》一课，从内容理解出发，老师一般让学生思考：从重点段中读懂了什么？从哪些关键词语体会到的？接着着力讨论"涌、汇注、喷吐、冒"好在哪里？最后横向对比，总结"用词准确、抓住特点"的语言形式。从写作角度出发的阅读，管老师让学生在阅读中关注：写作文要找好特点再写，《泉城》的作者怎样找好泉水特点的？学生通过阅读辨析"涌、汇注、喷吐、冒"四个词的不同效果，领悟到找好特点，用好词语的写作奥秘。两种设计，一种指向内容理解，因此品读重点段的关键字词是主要教学目的，理解了内容才能体会"用词准确"的表达效果，语言形式的教学依附于内容的理解。对"文本是怎么表达的"做出一种接近，却无法深入接触，阅读与写作之间实际上是割裂的。另一种指向写作，出发点截然不同，整个设计遵循"怎么写好文章"的思路，让学生明白"找好特点"是构思的关键环节，然后以《泉城》为例审视"找好特点"的方法。其间同样辨析了"涌、汇注、喷吐、冒"四个关键词，但这不是教学的主要目的，而是为掌握构思方法而进行辨析。可见，文本内容的感知、关键词的辨析是为"如何写"服务的。前后两者存在阅读目的的差异，存在截然不同的阅读思维。"指向写作"的阅读教学把主要目的放在学生缺失的作文能力培养上，以课文为"范例"，从写作角度构建阅读教学内容，相对于传统"读写结合"来说，搭建了读与写的另一条桥梁，进一步实现"听说读写之间有机联系"。

（倪建斌）

第六部分

指向写作：管建刚团队 5 课

1.《珍珠鸟》教学实录[1]

（1）聊宠物·忆活动

师：大作家冯骥才有一段写作生活，是在与珍珠鸟相伴中度过的。那段时间，珍珠鸟给作者留下了很多美好的记忆。同学们，你们养过什么宠物吗？或者与邻居、朋友家、亲戚家养的什么宠物玩过吗？

生（逐个交流）：小猫、小狗、小鸡、乌龟……

师：我们班里有和小狗相伴经历的同学，请举手。来分享一下你们与小狗相处相伴的美好记忆吧。

生：我家的狗刚来的时候，有点怕我，不和我玩。每次吃饭，有肉骨

---

[1] 苏教版第 7 册，徐国荣执教，管建刚点评。

头的话，我都要给它吃。慢慢地，这家伙就和我好起来了……

师：怎么个好法？

生：有一天它竟然跳到我的膝盖上，用舌头舔我的脸。

师：哦，你们的关系发展得挺快的。（众笑）请坐！（板书：舔脸）

生：我家的狗经常舔我的手。（板书：舔手）

师：舔，狗对主人友好的一种表达。还有其他什么表现吗？

生：它经常伴我玩。我把飞盘扔出去，它会帮我捡回来。

师：你家的狗真机灵，顶级的玩伴。（板书：捡飞盘）

生：我一回家它就追着我，在我腿脚边蹭啊蹭的，好像好几天没有见到我了。

师：有点"一日不见如隔三秋"的味道。（生笑）（板书：蹭脚）

生：我看电视，它就趴在我膝盖上和我一起看电视。（板书：一起看电视）

生：一次我刚到家门，它竟然帮我叼来了拖鞋。

师：当时，你一定很感动。（生点头）（板书：送拖鞋）同学们，这样美好的画面肯定还有很多很多。（板书：……）

【点评：从孩子的生活谈起，拉近与课文的距离，也为最后训练埋下伏笔。】

（2）读课文·练概括

师：大作家冯骥才的《珍珠鸟》，也写了不少有关小珍珠鸟的活动，我们一起朗读课文4到6自然段。

生：起先……

（读完第一句，叫停）师：这句话叙述了小珍珠鸟的什么活动？

生（简单重复课文）：在屋子里飞来飞去，一会儿飞到……

师：你能用自己的话概括吗？

（师指着黑板上关于小狗活动的板书，示意用短语概括）

生：飞来飞去。

师：这叫概括。请你把"飞来飞去"写到黑板上来。再请一位同学读。

（又请了3位学生朗读相应的内容，概括出相应的活动：喝茶、啄笔尖、啄手指。学生板书到黑板上。）

（生读第五节后）师：你读得真好。这里有一个分号，你注意了吗？这段的重点内容在前半句还是后半句？

生：后半句。

师：你的语感很好。后半句主要叙述了小珍珠鸟的什么活动？

生：在父母的再三呼唤声中才回到笼子里。

师：很好。"再三呼唤声中才回去"的言外之意是——

生：不舍得回去。

师：好一个"不舍得回去"，这就是概括。请你写到黑板上去。

（生读第六节）师：作者用一个自然段在叙述小珍珠鸟的什么活动？

生：在作者肩上睡着了。

师：为了整齐，老师借你一个词：熟睡肩头。好不好？请写到黑板上。——我们从4到6自然段中，找到了作者写了这些有关小珍珠鸟的活动——

（生读板书）师：作者给我们叙述这些活动，目的想告诉我们什么？这句话在课文中，谁能找出来？

生：信赖，不就能创造出美好的境界吗？

(生齐读)师：这句话，是作者写这篇文章的目的。

【点评："指向写作"，不是不要内容理解，不是不要理解能力的训练，而是不要那种支离破碎的死抠的理解。】

（3）有选择·不重复·讲顺序

师：小珍珠鸟的这些活动，作者按什么顺序写的呢？我们整理一下板书。（在每个活动前写上序号）

(生读板书)师：这个顺序能不能重新排列？先写飞来飞去，再写啄笔尖，再写啄手指，再写喝茶……或者先写喝茶，再写熟睡肩头，再写……

生（摇头）：不行。

师：为什么？

生：如果重新排序，就体现不出珍珠鸟越来越淘气。

生：起先"飞来飞去"离作者很远，"喝茶"就近一点了，"啄笔尖"是捣乱，"啄手指"胆子大，"睡在肩上"有点、有点撒娇。

师：体会得好。

生：如果换一个排序，就体现不出他们的关系越来越亲密了。

师：真了不起，一言道破天机啊。我们来看大屏幕。

出示——

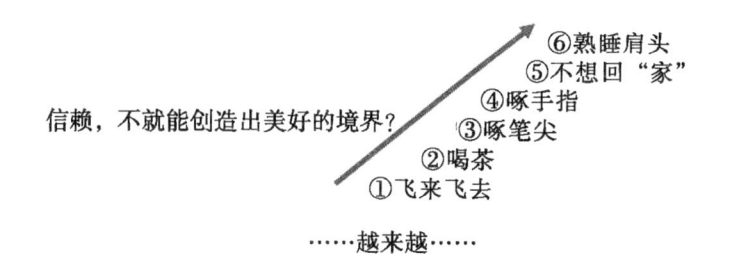

```
                                    ⑥熟睡肩头
                                   ⑤不想回"家"
                                  ④啄手指
       信赖，不就能创造出美好的境界？  ③啄笔尖
                                ②喝茶
                              ①飞来飞去
```

……越来越……

师：你们看，小珍珠鸟离作者的空间距离——

生：越来越近。

（就这样，老师从"活动范围""胆子大小""淘气程度""心理距离""亲密关系""信赖程度"等多角度引导学生用上"越来越"说话，体会这个写作顺序的表达功能。）

师：总之，这个顺序不一般，不算瞎排的。我们一起来读课文最后一句话。

生（激动地读）：信赖，不就能创造出美好的境界吗？

师：现在我们来朗读课文4到7小节，前面三节分别请一位同学来，最后一节我们齐读。

（学生分工朗读后）师：看来这些活动讲究顺序。（板书：讲顺序）（学生齐读"讲顺序）

师：小珍珠鸟每天都陪伴作者，就发生这么6个美好的事情？（学生摇头）那么还会发生什么美好的事情呢？不妨，我们来想象出几个美好的活动来。

师：作者吃饭时，正好到窗口接了个电话……

生：啄米饭吃。（板书：啄米饭）

师：小珍珠鸟的脚上沾了灰尘，可是又飞到桌子上，跳到了稿纸上……

生：在稿纸上留下了脚印。（板书：留下脚印）

师：还会发生什么有趣的事情呢？

生：作者睡午觉，小珍珠鸟啄他的鼻子，叫作者醒醒，好陪它玩。

师：你的想象力了得，概括一下叫……（板书：啄鼻子）这样的事情想也想不完。

师：你们看，啄米饭、留下脚印、啄鼻子，这些活动都能体现信赖，体现美好，也把它们写进去，文章字数不就多了？我们不是经常苦于自己的文章写不长吗？行不行？

生：不行，写进去就啰嗦了。

师：这是老师经常用的作文批语，都被你学会了。（众笑）你倒说说啰嗦在哪里？

生：嗯，嗯……（说不上来）

师：你的感觉是对的，就是说不清楚。（老师在"啄鼻子"和"啄手指"下面分别画上一条线）你看看这两个活动内容有什么关系？

生：差不多的。

师：是一个类型的。"啄米饭""留下脚印"和其中哪个活动一个类型的？

生："啄米饭"和"喝茶"，"留下脚印"和"啄笔尖"。

师：你的眼睛很尖。它们都是一个类型，写进去就重复了。看来，写动物的活动不能重复。（板书：不重复）那么如果这些都是真实发生的，一定要写进去，怎么办？

生："喝茶""啄笔尖""啄手指"就不写了。

师：很好。现在我们知道了，写动物的活动要学会选择。（板书：有选择）

【点评："指向写作"的阅读课，也融合了内容的理解。换句话说，学生领悟了写作上的奥秘，对课文内容的理解也会深入。学生写小动物不注意顺序，想到什么就写什么，也不加以选择。徐老师的教学，正是"指向写作"的阅读课所追求的"读写结合"。】

（4）有重点·独立成段·写具体

师：同学们，"熟睡肩头"和前面四个活动，都是小珍珠鸟白天淘气地陪伴作者时发生的。徐老师把第6自然段和第4自然段合并在一起写（课件演示合并），请你们读读看，通不通顺？

生（自由朗读后）：好像通顺的。

师："好像"说明你对自己的感觉缺少自信。到底通顺不通顺？

生：通顺的。

师：是通顺的。那么作者为什么把它拎出来放到后面独立作为一个自然段来写呢？

生："熟睡肩头"这个活动是最美好的。

生："熟睡肩头"是重点。

师：有道理，换一个角度来理解，这些活动内容中，哪个内容最让作者心动？

生："熟睡肩头"。

师："熟睡肩头"是作者感受最深的。看来，写动物的活动，不但要选择，还要分主次，重点内容可以独立为一段。（板书：重点　独立成段）来，读我们的发现。

师：再来比较一下，这六个活动中，哪个活动最具体、最动情？

生："熟睡肩头"。

师：写小珍珠鸟，你觉得哪一笔写得特别细腻传神？

生："不停地咂嘴"，这一笔写得很细腻。

师：你上来模拟一下小鸟咂嘴的样子。

（生模拟咂嘴，众笑）

师：这个细节描写，传递给我们的是什么信息？

生：它睡得熟。

生：它睡的样子很可爱。

生：这家伙太淘气了。

生：它在做梦吃美食呢。（众笑）

师：这个细节，顿时觉这小家伙太可爱了。哪里表现出了作者的动情？

生："我手中的笔不觉停了，生怕惊跑它"。

师：这是怎样一种爱护？在我们的生活中，你的妈妈或者爸爸回家打开门，如果突然看到你在沙发上睡着了，他们的动作会有什么变化？

生：马上放轻脚步，生怕惊醒我。

师：还会示意——（老师和学生一起做"嘘——"状）这是父母般的爱意。作者的这种喜爱之情还在哪里表达出来了？

生：还有两个感叹号。

师：对，这两个感叹号传递了作者内心的惊喜。我们来动情地朗读这个自然段。

（指名读，集体读）师：现在我们发现，重点内容要像作者这样写具体。

【点评："指向写作"当然离不开"内容"，两者间的自由出入，以及"度"的把握，这就是教学的艺术。"熟睡肩头"的教学，是一个很好的示例。】

153

（5）学以致用·训练构思

师：今天我们从《珍珠鸟》这篇课文里，学到了一些写作知识。写动物一般要写动物的——

生：活动。

师：要写好活动要——

生：有选择，不重复，讲排序。

师：写活动要——

生：有重点，独立成段，写具体。

师：如果我们要写一篇关于小狗的作文，和读者分享我们和小狗之间的美好生活，我们怎么来写小狗的活动呢？（指板书）假如这些事发生在一只小狗身上，我们怎么来构思呢？

生：我们先要进行选择，做到不重复。

师：好的，现学现用。这些内容哪些是相对重复的？

生："舔手"和"舔脸"是重复的，只要选择一个活动就可以了。

师：如果是你，去掉哪个？

生：我去掉"舔手"这个活动。

师：好的。还有重复的吗？

生：好像没有了。

师：接下来我们要做什么？

生：讲排序。

师：对。如何排序？

生：蹭脚——舔脸——一起看电视——捡飞盘——送拖鞋。

师：我觉得可以的。你为什么把"送拖鞋"放在最后呢？能拎到前面吗？

生：不行。"送拖鞋"最美好，小狗简直通人性了。

师：哦，我懂了，这是重点，这是最感人的事情，应该作为重点来写。那么怎么突出这个重点呢？

生：独立成段来写。

生：写得具体一点，动情一点。

师：看来，今天同学们收获真不小。同学们回去可以复习课文，写一篇有关自己喜欢的小动物的习作，与同学们分享你和小动物之间的生活。下课。

【点评：回头看开头的聊天，我们不能不承认，教学是要设计的。近日读齐白石先生的轶事，先生的画作看似肆意潇洒，其实先生作画，极其细致、刻意，绝不"肆意"，绝不"潇洒"。潇洒，其实是一种超越了的"刻意"。】

板书

珍珠鸟

白天
飞来飞去
喝茶　啄米饭　　　　有选择（不重复）
啄笔尖　踩脚印　"活动"　要排序
啄手指　啄鼻子　　　　重点：独立成段
不想回家
熟睡肩头

小狗
②舔脸、舔手，①蹭脚，⑤送拖鞋，④捡飞盘，③一起看电视

总评

有人认为，大作家写文章随意而发，没有技巧，你怎么"指向写作"呢？这个问题，不妨去问邓亚萍。邓亚萍打比赛的时候，有没有技巧？当然没有技巧。邓亚萍的"无技巧"是怎么形成的？是从"有技巧"到"无技巧"的。技巧的反复训练，加上一次次的实战，有形的技巧化作了无形的技巧。大作家的"无技巧"，实际上也是从有技巧开始的。邓亚萍的对手，为了能打败她，会反复看邓亚萍的球赛录像，分析邓亚萍打球的特点、技巧和破绽。也就是说，邓亚萍打球的时候，不可能想着技巧，然而，她打球的录像一经分析，其中便有了属于"邓氏"的技术特征。

文章本天成，妙手偶得之。这世上，或许存在浑然天成、没有缝隙的作品，却也不能不承认，这样的作品毕竟少数。邓亚萍的球艺再好，也总有缝隙，关键是，你有没有足够的专业的眼光，去发现；你有没有足够的专业的本领，去破解。《珍珠鸟》，著名作家冯骥才先生的作品。我以为，至少就此篇而言，国荣是一个具有"专业眼光"的老师，他发现了"熟睡肩头"单独为一节的奥秘，他发现了"飞来飞去""喝茶""啄笔尖""啄手指"的片段安排，潜藏着的渐进的奥秘。这样教，一篇篇的浸润，学生拿起笔来的"篇"的意识、"段"的意识、"序"的意识，就会发生"质"的变化。就在前几天，一位同学写的作文，没必要的地方，全部取消了"提示语"。不用提示语，更紧凑，更紧张。小作者说，他受四年级《第一朵杏花》里的省略提示语、五年级《变色龙》里的省略提示语的影响。从这个意义上，"指向写作"的阅读课，跟以往的"读写结合"，至少有一个重要的区别："读写结合"，强调在阅读课中"挤"进"写"，有些地区为了强调"读写结合"，每篇课文都必须"挤"进"写"。"指向写作"的阅读课，重点不在当堂的"写"，能"写"则"写"，不能"写"就不"写"；重心是，阅读中获得了写作奥秘上的启蒙。事实上，很多所谓的"读写结合"，骨子里，根本不是"写"，而是用"写"的方式，谈内容的理解而已。

就《珍珠鸟》，国荣所破解的写作的奥秘不止这些。国荣选择了选择、排序、重点，那是基于四年级学生的接受水平。作为名家名篇的《珍珠鸟》，它所蕴藏的写作的奥秘，即便我们语文老师穷其一生，也未见得能达到。教学要蹲下来，从四年级学生能接受的"点"出发。写作的奥秘的教学，就是这个样子。一篇文章的含义的教学，也这个样子。今天，重读叶圣陶先生《语文教学二十二韵》中的"作者思有路，遵路识斯真"，我才真正明白，叶老在《阅读是写作的基础》中的话："我以为阅读教学教好了，便不必有什么作文指导。"不去解开作者表达的奥秘，不"指向写作"，不可能有实现叶老宏愿的一天。当然，叶老所说的"作文指导"，专指"作前指导"，"作后讲评"一定要有，这又是另一话题了。

苏教版的《珍珠鸟》，不是原文。选编前叫文章，选编后叫课文。教原文还是教课文，一般地，我们尊重教材和编辑所做的努力，毕竟，绝大多数情况下，这个领域里他们更有"专业眼光"。感谢国荣破解的写作奥秘，他让我坚信，"指向写作"不是不可行，而是我们究竟有多大的内在，行多远的距离。

（管建刚）

2.《秦兵马俑》教学实录[①]

（1）顺序

师：上节课，我们初步学习了课文。考考大家，秦兵马俑的两个特点是什么？

生：一是规模宏大；二是类型众多，个性鲜明。

师：作者运用了列数字、举例子、作比较的说明方法，将兵马俑的"规模宏大"写得十分具体。今天，我们学习它的第二个特点。（板书：类型众多，个性鲜明）——课文的4～9小节介绍了6种类型的兵马俑。请看第4小节，写什么俑？

生：将军俑。（师板书"将军俑"）

师：第5小节呢？

生：武士俑。（师板书"武士俑"）

师：第6小节呢？

生：骑兵俑。（师板书"骑兵俑"）

（生齐读板书）师：第7小节呢？

生：车兵俑。（师板书"车兵俑"）

师：车兵俑分为哪两类？

生：驭手和军士。

师：第8小节呢？

生：弓弩手。（师板书"弓弩手"）

[①] 苏教版第10册，钟大海执教，管建刚点评。

师：4~8小节介绍了5个人俑（生齐读板书）。第9小节，介绍的是——

生：马俑（板书）。

师：对，不是人，是动物。课文介绍了这6个俑（生读板书）。前5个是人俑，最后一个是马俑。先"人"后"动物"的顺序介绍的。（板书：顺序）

师：暑假里，有两位同学也去看了兵马俑，回来写作文，介绍了5个人俑，一位按这样的顺序写——

生（随老师的手指，读）：武士俑、将军俑、车兵俑、骑兵俑、弓弩手。

师：另一位同学按这样的顺序写——

生（随老师的手指，读）：将军俑、武士俑、车兵俑、骑兵俑、弓弩手。

师：请问，他们的顺序，跟书上的顺序一比，哪个高明？

生：书上的高明。书上的顺序，按级别高低来介绍的。

师：作者介绍6个兵马俑，第一，先人后物；第二，职位高低。写作文，要有一定的顺序。

生（齐读）：顺序。

师：学说明文，记住知识很重要，花一点时间记住6类俑。（齐背）

（生读背）师：这就是类型众多。

【点评：钟老师让学生找出了6类俑，还记了6类俑。学课文，内容理解，当然要。然而五年级的学生读五年级的课文，内容理解上的难度并不大。老在"内容"上转，学生听不到新鲜的声音，自然厌倦。钟老师从写作的角度，挖出了教学内容——顺序，这恰是学生作文中忽视的，也是阅

读中忽视的。而学生作文中的"忽视",追根寻源,或许正在于阅读中"忽视"。】

(2) 四字词语连用

出示——

身材魁梧　头戴金冠　身披铠甲　手握宝剑　昂首挺胸　神态自若
体格健壮　体态匀称　穿着战袍　套着铠甲　目光炯炯　双唇紧闭
神态严峻

(生齐读)师:这两组词,分别写将军俑和武士俑。读出将军、武士的气势。

(生再读)师:对,就要有这样的气势。——将军俑、武士俑个性鲜明。首先鲜明在外貌、身材,将军俑是——

生:身材魁梧、头戴金冠、身披铠甲、手握宝剑、昂首挺胸。

师:武士俑的是——

生:体格健壮、体态匀称、穿着战袍、套着铠甲。

师:将军俑、武士俑的个性鲜明,还在于神态不同,将军俑——

生:神态自若。

师:武士俑——

生:神态严峻。

师:同学们,"神态自若"和"神态严峻"换一下,可以吗?

生:不可以,不符合。

师:不管面对多么危险的场面,将军都胸有成竹,神态自若。武士不同,面对战场,生死未卜,所以神态严峻,他做不了将军。这就是个性鲜明。个性的鲜明,在于作者用词的准确。

师：这两段话，大量的四字词语、四字词语连用。

（生读屏幕上的四字词语）

师：这些四字词语还原到课文中，读一读，要注意四字词语的节奏。

（生读，师相机指导）

【点评：内容的关注，对于读者来说极其自然。好比一个人在讲话，另一个人在倾听。听的人自然会关注说话者说了什么。听的人心不在焉，那是另一回事。课文讲了什么，只要真心在读，自然会关注。学生很少关注甚至不会关注的，是语言的规律、特征。大量的四字词语、四字词语连用，是本文的一大语言特征。这是钟老师发现的极具教学价值的教学内容，对于学生来讲，一定是新鲜的。新鲜的，就有教学的吸引力和生命力。——发现有价值的教学内容，这是语文老师的重要的专业能力所在。】

（3）对称的语言

师：同学们，文中不仅有大量的四字词连用，还有很对称的句子，我们一起读一读。

出示——

有的握着铜戈，有的擎着利剑，有的拿着盾牌。

上身着短甲、下身着紧口裤、足蹬长筒马靴，右手执缰绳，左手持弓箭。

师：第一组写的是——

生：武士俑。

师：第二组写的是——

生：骑兵俑。

师：武士俑手拿武器——

生：有的握着铜戈，有的擎着利剑，有的拿着盾牌。

师：骑兵俑的穿着很有特色——

生：上身着短甲、下身着紧口裤、足蹬长筒马靴。

师：骑兵俑的武器也不同。

生：右手执缰绳，左手持弓箭。

师：两个俑，很不同，个性鲜明，就在作者这样的语言里。写出个性鲜明，不难，难的是，作者用了那么多对称的语言。（板书：对称的语言）

（生读屏幕上对称的语言）

师：武士俑，写得特别精彩。既有四字词连用，又有对称的语言，这段话值得我们好好读。

（生读课文，老师相机指点，读出气势、节奏）

师：同学们，这是一篇说明文。说明文的语言一般不太讲究，这篇说明文的语言非常精致、优美。有四字词的连用，有语言的对称，读来朗朗上口。——这样精美、工整的语言，课文里还有一处，请你找一找。

师出示——

有的微微颔首，若有所思，好像在考虑如何相互配合，战胜敌手；有的眼如铜铃，神态庄重，好像在暗下决心，誓为秦国统一天下作殊死拼搏；有的紧握双拳，勇武干练，好像在随时准备出征；有的凝视远方，好像在思念家乡的亲人……

师：四字词语连用在哪里？

生：微微颔首，若有所思；眼如铜铃，神态庄重；紧握双拳，勇武干练。

师：语言对称在哪里？

生：用了四个"有的"，四个"好像"。

师：这样的对称，不像上面的那样工整，这叫"宽对"。这还是一个排比句式。一起读。

（生读，老师相机指点）

【点评：整节课上，学生不断在朗读中感受四字词语、四字词语连用的节奏，对称的语言的节奏，朗读既是理解内容的重要方式，也是理解语言形式的重要方式。学生在不断朗读中，感受到了语言形式的魅力，语言本身的意思自然也关注了。】

师：写作文，就要这样注意语言的对称。这里有一段话，请看——
出示句子——

试卷发下来后，同学们看到自己的成绩，神态各异：有的左看看，右看看，高兴得不得了，好像考到了很好的成绩；有的眼睛无神地看着前方，脸上没有什么表情，好像担心考得太差要被父母收拾；有的瞪大了眼睛，双手捂着嘴巴，一副惊讶的样子，好像对自己的分数感到不可思议……

师："有的"后面，有长有短，谁能改成两个连着的"四字词语"？先看第一个分句——

有的左看看，右看看，高兴得不得了，好像考到了很好的成绩……

生：有的左顾右盼，兴奋不已，好像考到了很好的成绩。

师：很好。只是朗读没读出四字词语的节奏、气势，再来一次。

（师请该生将两个"四字词语"写黑板上）

师：他把"左看看，右看看，高兴得不得了"改成了"左顾右盼，兴奋不已"。我们用上这两词语，读这句话。

（生读）师：这一改，语言精炼了，有节奏了。

（第二个分句，学生改为"有的两眼无神，一脸茫然，好像担心考得太差要被父母收拾"；第三个分句，学生改为"有的瞠目结舌，满脸惊讶，好像对自己的分数感到不可思议……）

（改后，生齐读）师：这样一改，读起来更加朗朗上口，也更有文采了，文采就是这么来的。

【点评：这个"改话"练习，涵盖了本课的教学要点"四字词语连用""对称"。不少的"读写结合"，学生当堂动笔，所写的，依然只为内容理解服务，而不是真正让学生习得表达上的奥秘。钟老师的"改话"，与上述的"读写结合"有很大的不同，是真正为"写"服务的，是真正让学生去获得"写"的奥秘的。】

（4）小结

师：同学们，这节课我们学了兵马俑的第二个特点——

生：类型众多、个性鲜明。

师：课文介绍了6类兵马俑——

（生背）师：说明文，写作文，要注意——

生：按照一定的顺序。

师：我们还品味了四字词语连用、对称语言的魅力，这节课就上到这里，下课。

板书

	将军俑	
	武士俑	顺序
类型众多	骑兵俑	
	车兵俑	
	弓弩手	
	马俑	
个性鲜明		四字词连用
		对称的语言

总评

"指向写作"，不止这些

有的老师以为，课上学生动了笔，那就是指向表达了。不是。动笔写的内容，若不是为了消化课上所习得的、从文本中得到的写作奥秘，那往往不是。有的老师以为，讲课文的写作特色，这就是指向表达了。不是。写作特色，是从作者的角度讲的。作为教学的"指向写作"的教学内容，则是从学生的角度讲的。作者的写作很有特色，很有风格，很有水平，然而，不一定是学生能接受的，更不一定是学生的"最近发展区域"里所需要的。

"指向写作"的阅读课，所研发的教学内容，一定是基于学生实际的作文水平、接受水平，学生不仅能接受，且能在不远的将来化为自己的"用"。钟老师的《秦兵马俑》，有两个写作知识：

第一，作文的顺序。顺序的问题，正是五年级学生需要的、又没有解决的问题。学生往往看到哪个就写哪个，甚至以为"看到哪个写哪个"才叫真实，不考虑"顺序"对于作文的重要性。钟老师虚拟了两位学生，故意让学生"出错"。学生根据刚学的"写作知识"，进行批判和重建，这样的教学之所以有效，根本在于所研发的教学内容，是基于学生的实际的作文水平和写作需要。

第二个写作知识，是语言的节奏。这内容化为"四字词语连用""语言的对称"两点。这两点，都是五年级的孩子能接受的。从后来的"改话"练习，也能印证这一点。我知道，日常作文教学中，钟老师也正在引导学生注意"四字词语的连用""语言的对称"，这样，阅读教学中的"指向写作"的教学内容，与学生日常写作的教学内容，同步起来。作文教学和阅读教学真正实现和谐共振。

每一篇课文的写作知识、写作奥秘，有很多。这就要刷选。怎么刷？怎么选？基于学生的实际需要、实际接受水平。一般而言，选一两个"点"就够了。钟老师选了两"点"，我以为恰到好处。"点"少了，就能让学生在朗读中，充分感受语言的奥秘，就能带着学生一起去探究语言的奥秘，而不是枯燥无味的告诉。经常这样教学，学生就会带着写作的思维去阅读。带着理解内容的思维去阅读，这几乎是一种阅读本能，就像你看电视剧，剧情理解几乎是一种本能。而带着写作意识的阅读思维，则是一种专业的语文学习的思维。实际上，当下学生缺少的正是这种思维。

附带要说，"指向写作"的教学内容，并不局限于死的技术。很多的表达技术，是框架性、灵活性的，而非拘谨的、限制性的。"指向写作"，也不只是指向表达技术，写作包含情感的丰富体验、包含内在思想的考量，包含一个写作者的人格与脊梁等等。写作，就是"人"。从这个意义上讲，"指向写作"的阅读课的内涵，远有待于开发。

（管建刚）

3.《装满昆虫的衣袋》教学实录[1]

（1）整体把握，理清结构

师：这节课，我们继续学习课文《装满昆虫的衣袋》。文中有这三个词——

生（齐读）：着迷、迷恋、痴迷。

师：写法布尔对昆虫的"着迷"，文中有一个故事。在课文的第2、3节。请你默读这两节，概括这个故事。

（默读后）生：捉纺织娘的乐趣。

生：逮纺织娘。

生：寻找纺织娘。

师：在法布尔的眼里，这只纺织娘会唱歌，他称小昆虫为歌唱家。捉、逮、找，哪个更合适？

生："找"更好些，能看出他对纺织娘的态度是友好的。

师：是的，他很欣赏这只会唱歌的纺织娘。

生：我从"他终于找到了这位'歌唱家'"这里，觉得他不是一下子捉到的，用"找纺织娘"更合适。

师：给一个故事取名字，不难，难的，是取个最合适的名字。

（师板书"找纺织娘"，学生齐读）

师：写法布尔对昆虫的"迷恋"，文中也有一个故事。在课文的4到10节，请你默读，概括这个小故事。

---

[1] 苏教版第9册，朱彩娥执教，管建刚点评。

生：捉小甲虫。

(师板书"捉小甲虫"，学生齐读)

师（指板书）：同学们，你们看，"着迷"对应着一个故事；"迷恋"对应着一个故事；"痴迷"该不该也有一个对应的故事？

(形成板书)

着迷————迷恋————痴迷

找纺织娘　捉小甲虫　　?

生（思考后）：我觉得应该有的，可是再写一个故事的话，课文就太长了，所以，课文用了这句话：以后每次放鸭，他仍然兴致勃勃地捡那些"没用的玩意儿"，背着大人把衣袋装得鼓鼓的，躲起来偷偷地玩。说明在法布尔身上，经常发生这样的事。

师：建议这里有掌声。面对爸妈一次又一次的责骂，法布尔依然迷恋，同样的事物"迷恋"了上百次，就是"痴迷"了。因此，"痴迷"的故事和"迷恋"的故事，没有多大的区别，写了，会感觉差不多。

（2）朗读"说话"，探索表达

师：我们一起走进第一个故事，打开书本，读这个故事。

(生读到"妈妈，我在这儿呢！瞧，我抓到了那只会唱歌的虫子！"指名读这句说话句)

师：读得很流利。句子中的标点符号除了表示停顿，还有提示语气、表达情感的作用。注意这里的两个感叹号，谁再读。

(生读)师：法布尔找到这只会唱歌的虫子是多么激动！"瞧"，又该怎么读？

(生读)师：法布尔找到了纺织娘想给妈妈看，这个"瞧"字，饱含着他的——

生：他的欣喜。

生：他的自豪。

师：一起读好这句话。

（生齐读句子，读完第3节）

师：整整三天了，法布尔一直在寻找纺织娘。也许，他从清晨一直找到了傍晚；也许，明月星光下，他还在静静地守候，细细地寻找。现在，他终于找到了这只会唱歌的虫子！假如你就是法布尔，远远地听到妈妈喊你时，你会大声喊——

生："妈妈，我在这儿呢！瞧，我抓到了那只会唱歌的虫子！"

师：假如你就是法布尔，听到妈妈的呼喊，在旁边的草丛里跳出来，你欢呼道——

（生读）师：甚至，你还会手舞足蹈地告诉妈妈——

（生再读）师：这个故事中，哪里还可以有人的开口说话？

生：爸爸妈妈找法布尔的时候，他们会喊。

师：他们会喊什么呢？

生：他们会喊："法布尔，你在哪里？天快黑了，快回家！"

生：妈妈找到法布尔的时候，她可能会批评法布尔："你这个小家伙，天都快黑了，怎么还不回家？爸爸妈妈多么担心呀！"

生：妈妈看到法布尔抓到的纺织娘，可能会说："不就是一只纺织娘嘛，有什么大惊小怪的！真是个傻孩子！"

生：妈妈可能还会说："你脑子有病啊？花三天时间抓一只小虫子？"

（学生大笑）

师：是的，这个故事里，爸爸妈妈还有很多的话，课文为什么不写？

生：这些说话句不重要。

师：那你认为怎样的说话句是重要的？

生：这个故事讲的是法布尔对昆虫的着迷，写的话要突出法布尔着迷昆虫。

师：有道理。课文的主角是法布尔，父母是配角。这里只写法布尔的话，不写父母的话。（板书：说话句　配角的话不写）——那么，第二个故事中，有没有爸爸妈妈的话呢？

生：有。课文中第7、8自然段。

师：说话句中，很多时候少不了提示语，提示语提示的是说话人当时的表情、动作、语气等。朗读时，要注意提示语的提示，自己练一练。

（生练读）

师：读好说话句，你就是说话的那个人。谁来读父亲的话？

（男生读）师：这是怎样的父亲？

生：这是生气的父亲，让法布尔扔掉他捡的东西。

师：三句话，连用三个感叹号，父亲仅仅是生气吗？

生：不是，是发怒了。

师：来，你就是这个发怒的父亲，说好这句话。

（指名演读，该男生朗读绘声绘色，生鼓掌）

师：男生们，读好父亲怒气冲冲的话。

（男生齐读父亲的话）

师：母亲一向是温柔的。请个女生来读法布尔母亲的话。

（一女生读）师：这是怎样的母亲？

生：严厉的母亲。

生：她吓唬法布尔老是捉小虫子小手会中毒。

师：母亲的三句话，声声责备，句句严厉，女生一起读。

（女生齐读母亲的话）

（男女生分角色演读）

师：前面不是说，父母是配角，所以他们的话不写。这里，父母的话为什么又写得令人如见其人、如闻其声，生动具体？

（思考后）生：写法布尔父母责骂他的话，说明法布尔经常捡小东西塞满裤兜，父母都反对法布尔捡贝壳、石子。

生：父母的反对很强烈，在这种情况下，法布尔还迷恋昆虫，说明他对昆虫不是一般的喜欢。

师：同学们，一般情况下，配角的话可以不写；像这里，表面看是写配角，其实衬出的还是主角，就该写。配角的话要不要写，要看是不是突出了主角。（板书：配角的话要写）

（3）回归题目，学习取题

（生读课文题目，师出示）

迷恋昆虫的法布尔

法布尔的故事

痴迷昆虫的法布尔

昆虫迷

师：这些题目，哪一个好？说说你的理由。

（思考后）生：课文的题目比较新颖，会吸引人的眼球，容易激发阅读欲望。

生：装满昆虫的衣袋，一看，就会给人留下最深刻的印象。

生：法布尔的雕像上，有高高鼓起的两个口袋，看到装满昆虫的口袋，就会想到法布尔，想到他对昆虫的迷恋。我觉得还是"装满昆虫的衣袋"好。

师：大家说得很有道理。浏览一下课文，文中有几处提到"衣袋"？

（学生翻开书数起来。片刻后，学生齐呼：四处！）

师：文中四处提到衣袋，三次的描述都是鼓鼓的衣袋。法布尔的"衣袋"，就像是一个道具，生动形象地表现出法布尔对昆虫的迷恋、痴迷。课文内容和题目紧紧结合在一起，一个好的题目，往往需要精心设计。（板书：好题目）

（4）延伸阅读，关注表达

师：同学们，这篇课文只讲到了两个小故事，在法布尔的名著《昆虫记》中（出示书的图片），这样图文并茂的内容一定会深深地吸引住你。请你读一读这个《大自然的清道夫——粪金龟》中的小故事。

出示——

裸胸粪金龟的身长约 7~14 毫米，属于体形较小的粪金龟。圣甲虫神奇手好奇地问它："你们如何制作卵房呢？"

"母裸胸粪金龟会挖一个七八厘米深的洞穴，然后将卵房放进去，我们的卵房酷似麻雀蛋。"

"那你们什么时候开始挖洞呢？"

"6 月份就开始制作卵房，在里面产卵，产卵后不到 1 周就会孵化出幼虫来。我们的幼虫长得白白胖胖，身体呈 U 字形的模样，而且，背上背着一个袋子。"

裸胸粪金龟暂时停下了进餐，仔细地解释给神奇手听："幼虫期是 17~25 天，蛹期是 15~20 天，8 月份成虫在卵房里度过，等到 9 月雨季来临时，才会爬到地面上来。"

神奇手回想起自己所知道的粪金龟，大家都是喜欢吃粪便的甲虫，但彼此的生活习性却大不相同。

"你好像很特别呀！其实我认识很多种粪金龟，但像你们这样穿着金色盔甲的还没有。"

"嘻嘻！是真的吗？"裸胸粪金龟害羞地笑了起来。

（学生自由读）

师：读这个故事时，你关注到了什么？

生：我知道了母裸胸粪金龟制作卵房的方法。

生：我知道了裸胸粪金龟制作卵房的时间，还有幼虫的样子。

生：还有裸胸粪金龟的样子：身长约7～14毫米，属于体形较小的粪金龟。

生：裸胸粪金龟的卵像个麻雀蛋。

生：我了解到了裸胸粪金龟孵化幼虫的过程。

师：除了故事的内容，你还关注到了什么？

生（思考片刻）：我发现这里写到了三次裸胸粪金龟和圣甲虫的对话。

师：你关注到了故事的表达方法——说话句，真棒。仔细看这三次的对话，说话句的形式也不同，有新的发现了吗？

生：有的提示语放在前面，有的提示语放在后面。

生：还有没有提示语的。

师：说得好。我们读书，既要知道文章的意思，还要知道表达的方法。老师建议你们用这样的方法，去看法布尔写的《昆虫记》。读了这本书，你就真正知道什么叫"痴迷"。做事情，光有一时的兴趣不行，要坚持下去，要有法布尔那样的痴迷。下课。

板书

	装满昆虫的衣袋	好题目
着迷——迷恋——痴迷		说话句　配角的话不写
找纺织娘　捉小甲虫　？		配角的话要写

总评

"指向写作"的阅读课的三个特点

阅读有三种属性。基于意思的理解，是阅读的自然属性；基于意义的理解，是阅读的道德属性（或有政治属性）；基于表达的理解，是阅读的专业属性。下面结合阅读的三大属性，谈谈我对朱老师执教的《装满昆虫的衣袋》的理解和感受：

一、阅读的自然属性上，要速战速决。

在阅读的自然属性上费时太多，是阅读教学高耗低效的重要原因之一。白话文的意思的理解自然而然，读下的文字，犹如吃下的食物，十有八九，不用吃"健胃消食片"，而能自然消化。吃下东西，十有八九消化不了，不是吃错东西，就是胃不好。凡要导演跑来解说才看得懂的电影，不是坏电影，就是不该在这个年龄来看的电影；凡要老师苦口婆心讲解才看得懂的文章，不是坏文章，就是不该在这个年龄来读的文章。意思的阅读，边上很少要站个人，絮絮叨叨，哪怕那人是专家。

五年级学生已经有了一定的阅读能力，能通过预习读通课文，朱老师也正是这样做的。朱老师的课，在阅读的自然属性上，处理得很清爽，很干净，学生概括课文的两个故事，不去纠缠哪里看出了"着迷"，哪里看出了"迷恋"。生活中的阅读，读完全文，回头想一下讲了什么意思，如此而已。"指向写作"的阅读课，不是不要意思的理解，而是可以简单些，再简单些，简洁些，再简洁些。意思的阅读一点也不复杂，只要交给学生几个方法就行了：（1）概括的方法，（2）联系上下文理解的方法，（3）联系生活理解的方法，（4）用关键句、关键词理解的方法，（5）读懂言外之意的方法。5大内容，三、四年级一定经过了一次又一次的训练，五、六年级已不是新授，而是巩固性使用。朱老师的课上，我看到了这一点。

二、阅读的道德属性上，要点到为止。

语文的沉重，在于它的道德属性（或政治属性）上。一谈语文，似乎天下兴亡、个人毁誉，它都有着不可推卸的责任。任何事都不能"过"，一"过"，即会适得其反。很多老师对课文的道德属性的解读、发挥与教学，超越了文章本身所能承受的，也超越了语文老师自身所能承受的，那些"深度解读"不是以人格实践为基础的，老师传授的是拔高了的"思想""人格""高度"。这些迟早会露馅，露馅了迟早要遭报复。《少年王冕》，激情"说孝"，生活中老师也没做到，学生一旦得知真相，筑起来的道德大厦，瞬间坍塌。"人文性"的"人文"两字，说到底，重在老师这个"人"，而不是手里拿着的那个"文"。人，比文更重要。老师自身的道德力量、人格力量，远胜于课文里的道德力量、人格力量。一群有道德力的老师，自会熏出一群有道德力的学生。老师缺乏了道德力，讲台上冠冕堂皇，慷慨激昂，没用。道德和人格上的影响，友人、圈子、办公室、教研组等一切由"人"组成的团体所产生的影响，比书的力量要强大。办公室文化、教研组文化、教师社团文化对教师的教育态度的影响，比苏霍姆林斯基的著作要强大，不然只要发苏氏的书，教师就都热爱教育事业了。

要说《装满昆虫的衣袋》的道德意义也不少：学习要专心致志，要有自己的兴趣爱好，要坚持自己的兴趣爱好，哪怕父母也反对，伟大出自痴迷……要抠词扣句，要微言大义，要补充材料，能花去你很多的课堂时间。阅读的道德属性，点到为止就可以了。人，对意义的理解跟心理年龄、经历有着密切的关联。没到那份上，说了也白搭。朱老师出示"着迷""迷恋""痴迷"，学生有了关键词的帮扶，一下子把握住了主旨。课的结尾，朱老师点了一句："读了这本书，你就真正知道什么叫'痴迷'。

做事情，光有一时的兴趣不行，要坚持下去，要有法布尔那样的痴迷。"阅读的道德属性，点一下，可以了。多了，会成为思品课；深了，会成为哲学课。

三、阅读的专业属性上，要切中要害。

意思的理解不难，意义的理解，老师在合适的地方"点"一下。多出的时间花哪里？阅读的专业属性上。阅读数学书、阅读历史书、阅读生物书、阅读思品书，跟语文课上阅读根本区别在哪里？不是意思，也不是意义，而是表达。童话小说的《白雪公主》和电影的《白雪公主》，有什么区别？小说《红楼梦》和电视剧《红楼梦》，有什么区别？内容上，只要忠于原著，没什么区别。区别在表现手法，电影、电视剧的表现手法和小说的表现手法，完全不一样。

以往的"读写结合"，考虑的是课文本身的写作特色，或文体性的写作知识，比较大，有点空。"指向写作"的阅读课，它的"表达"上的教学内容的选取，基于学生的作文的需要，切中学生作文需要的"要害"，而不一定是课文本身的最精妙的地方。《装满昆虫的衣袋》，朱老师选择了配角的说话要不要写，什么时候要写配角的话，这是从五年级学生的作文实际出发的——五年级的学生写事情，很少考虑配角的话该不该写。朱老师在这里发力，好。朱老师也注意了题目。说实话，教材里的好题目不多，《郑成功》《莫高窟》，写什么题目就是什么的，往往给学生误导。这篇课文的题目，真不错。

读懂"写什么"，是理解"怎么写"的基础。不少时候，理解了"怎么写"，反过来也会帮助内容的理解。学生内容理解上的障碍之一，就是遇到了陌生的表达形式。当学生明白了配角的说话是为了更好地衬托主角，这种表达形式的领悟会促进内容的理解。由此你便会明白，"指向写作"的阅读课，不是走向机械的作文技巧。走向机械的作文技巧的阅读课，也不是真正的"指向写作"的阅读课。这就像指向意义的阅读课，从来不会认为思品课是它的另一表现形式。

附带一说，朱老师的课，另几处也引起了我的关注。一、领悟"说话句"的表达奥秘，朱老师嵌入了朗读训练。二、引入课外阅读，朱老师寻找的片段，与本课的教学要点——说话句，息息相关，从而引导学生用两只眼睛读课外书，不只是看内容，也看表达。三、意思理解、意义理解、表达理解，在朱老师的课上，不是分割开来的，而是融合的，第一环节的概括故事，理解意思与课文总体布局、结构结合一起；第四环节的课外阅读，意思、意义、表达都有了。这样上，这样走，"指向写作"的阅读课，才会越来越好。

（管建刚）

4.《大自然的文字》教学实录[①]

（1）激兴趣，导新课

师（板书"文字"）：你知道什么是文字吗？

生：书本上一个个的字就是文字。

师：记得以前学过的课文《石头书》吗？石头书上有文字。大自然中，你认为有哪些文字呢？

生：树的年轮是文字，告诉我们树的年龄。（板书：年轮）

生：蜻蜓低低飞，告诉我们马上要下雨。（板书：蜻蜓）

生：蚂蚁垒窝，预示着要下雨。（板书：蚂蚁）

[①] 苏教版第 11 册，王丽琼执教，徐栋点评。

生：鱼跃出水面，也说明要下雨了。（板书：鱼儿）

生：鱼鳞上有圈圈，一圈就是一岁。（板书：鱼鳞）

生：白云飘得高，明天肯定是晴天。（板书：白云）

生：繁星满天，第二天肯定是好天气。（板书：繁星）

师：这些都是大自然的文字。大自然中那些看似平常的事物，平凡的现象，能让我们推测过去，预知未来，真是太神奇了。

【点评：在导入部分，寥寥几句话，看似随意，其实用意很深。王老师把文本定位说明文，借学过的课文告诉学生本文说明的对象是"大自然的文字"，特征是"藏在平凡的事物和现象"中，能够"推测过去，预知未来"。当然，这里还可以进一步引导："这是一篇说明文，介绍了大自然中文字以及作用。说明文有很多表达的方法，在学习中需要我们用心灵去关注。"这样引导，目的是把学生的思维集中，关注说明文的表达方式，为学习"有选择"等环节埋下伏笔。】

（2）读课文，练概括

师：大自然的文字需要你擦亮眼睛，才能发现。请同学一起读课文2～6自然段。

（生读第2、3自然段）师：三年级的时候，我们学过找中心句概括段意的方法，现在请你用文中的话，说说这两段分别讲了哪两种大自然的文字。

生：古代，当水手们需要在海上寻找道路的时候，他们就去看星星写成的天书。云，也是天空这本大书上的文字。

师：你能用最简洁的语句概括吗？

生：星星是天书，云朵也是天书。

师：十分简洁，老师奖励你把它写在黑板上。人们是怎样阅读这两种文字的，谁来简要说说？

生：根据天上星星形成的星座判断东西南北，比如找到北极星就能判断出北面，这样水手在海上航行就不会迷失方向。

师：也就是根据星座辨别方向。（板书：辨别方向）

生：当云山左右有两个尖头的时候，类似于铁匠的铁砧，这种砧状云出现了，就说明要下雷雨。

师：这种云主要给谁提示要下雷雨？

生：飞行员，飞行员看到砧状云要飞远点，否则要被雷击中的。

师：那么这种云的作用是？

生：提示下雨。

生：也是辨别方向，给飞行员辨别方向，绕道飞行，用以躲避危险。

师：第二位同学，抓得更准。（板书：辨别方向）

（生读第4自然段）师：刚才，我们认识了两种天上的文字（板书：天书），谁来猜一下，下文估计会讲什么？

生：地上的文字。

师：我们一起来读第5、6两个自然，看看你猜对了没有？

师：这两段文字不像第2、3两个自然段有关键句。老师给你一点提示，看看课题"大自然的文字"，它们又在向我们讲述什么呢？

生：石灰石和花岗石也是大自然的文字。（板书：石灰石 花岗石）

师：请同学默读这两个自然段，选择自己比较感兴趣的段落，和同桌简单介绍其中一种文字。

生：石灰石这种大自然的文字，有点像我们学过的石头书里介绍的文字。它是由碎贝壳造成的，而贝壳是海里的，所以在城市里挖出石灰石可

179

以证明这片地方过去是海洋。

师：这些石灰石透露的讯息，有什么作用，你能像上面"辨别方向"板书这样概括吗？

生：让我们了解过去和现在的土地变化。

师：准确地说，不是土地变化，而是地貌变化。我们是不是可以概括成"了解地貌"。（板书：了解地貌）

生：花岗岩出现在森林里，它的出现说明它是很久很久以前被冰块搬来的，当时没有森林，森林是后来长起来的。也可以让我们了解到地质的变化。

师：让我们为她鼓掌，简洁明了地为我们解读了花岗岩这个大自然的文字。（板书：了解地貌）

【点评：这个教学环节非常流畅，在教师的引导下，学生的概括非常到位，教学目标达成。首先，教师给予学生充分朗读的时间，文本语言已经内化，这给概括奠定了基础。其次，教师给予学生概括的方法，如，中心句概括、迁移概括等。教师提示了方法，加上适时的引导，对于六年级的孩子，概括变得水到渠成了。学生既锻炼了概括的能力，也为"讲顺序、分类别"板块的学习奠定基础。王老师的板书设计也很精妙，看着板书，学生能在脑海里建构起文本的框架，把握文本的内容和表达方式。】

（3）讲顺序，分类别

师：请自由读第1自然段，再联系板书，请你把大自然这本书分为上下两册，分别给分册取上书名。

生：分为天书和地书。第2、3自然段为"天书"，第5、6自然段为

"地书"。

师：同意吗？一致通过。请女生读"天书"，男生读"地书"，边读边思考：能不能把第5、6自然段和第2、3自然段交换顺序？也就是先写"地书"再写"天书"。

生（读后）：不行。因为第一小节先说"天上的每一颗星就是一个字"，再说"脚下的每一粒小石子也是一个字"，所以要先写"天书"再写"地书"。

生：不行，因为天在上，地在下，一般都是先"天"后"地"。

生：不行，如果先写"地书"，那么第4自然段就不搭了。

师：如果非要先写"地书"再写"天书"，第4自然段怎么改？

生：我们头上的这片天空，在会读它的人看来，也是一本有趣的书。

师：脑筋转得可真快。——你们和作者想到一块儿去了，的确，如课本上这样安排结构比较合适。这样的有意安排，蕴含了一个写作知识。（板书：讲顺序）

师：作者的本领不止"天书""地书"这一条，请看板书，你还发现了什么？

生：作者在写天书的时候，都讲辨别方向一类的，在写地书的时候，都讲了解地貌一类的，这也是特意安排的。

师：好一个"特意安排"，这样的特意安排我们称为分类别。（板书：分类别）让我们一起再来读读2~6自然段。

【点评：这一部分的教学，是基于"概括教学"的基础上展开的，是在梳理文本的写作思路，学习说明文常用的写作方法。让学生发现"先写'天书'再写'地书'"的构思并不困难，王老师的教学前行了一步，引导学生："能不能把5、6自然段和2、3自然段交换顺序？也就是先写地书再

181

写天书，行吗？……如果非要先写地书再写天书，那第 4 自然段怎么改？"这个环节很有用，让学生学习文本整体构思的方法，下面"有选择"的教学板块，这是在渗透段落构思。其实"讲顺序、分类别、有选择"的构思方法，不仅适用于"说明文"，也适用于其他文体，能培养学生的"段感""篇感"，对阅读和写作能力的促进是不言而喻的。】

（4）有选择，迁写作

生（读板书）：蜻蜓、蚂蚁、鱼儿、鱼鳞、白云、繁星。

师：白云飘得高，明天是晴天；繁星满天，明天是好天。这些是不是也可以写到课文中去，这样课文的字数不是多了起来？

生：不可以。因为文章中的"天书"都讲辨别方向一类的，而我们说的白云、繁星是天书，但放在课文中不合适，不是同一类的。

师：你的想法完全正确。写文章，不是字数越多越好，而是要根据需要选择好材料。（板书：有选择）

师：就黑板上给出的一些大自然的文字，你选择哪些材料，安排写一篇属于你的"大自然的文字"？

生：我选择蜻蜓、蚂蚁，它们是动物类的，再选择白云、繁星，它们是自然景物类的。

生：我选择植物类的树的年轮和动物类的鱼鳞，它们都是用来判断年龄的。

师：好啊，课文里的写作知识，你们活学活用了。——让我们一起读课文的最后一个自然段。

（生读）师：学习书本知识的同时，多观察自然，观察了，还能像作者那样写出来，这才是个有学问的人。

【点评：这一部分的教学与第一部分呼应，可以看出，第一部分教师的提问和板书非常关键，再加上板块三"讲顺序　分类别"的学习之后，学生领会"有选择"的运思显得水到渠成。当然，我们也别指望通过一节课的教学，能让孩子学会精巧的构思。构思能力、构思意识是一个综合体，需要教师长期地、系统地进行引导，这也说明，"指向写作"的阅读课，不是偶尔"指向"一下，能起到作用的。】

板书

	大自然的文字		
星星	辨别方向	天书	
云朵	辨别方向		讲顺序
石灰石	了解地貌	地书	分类别
花岗岩	了解地貌		有顺序

总评

层层铺垫，环环相扣，水到渠成
——"指向写作"的阅读课的课堂结构例谈

王丽琼老师执教的"指向写作"的课例《大自然的文字》是六年级上册的一篇说明文。王老师基于高年级学生的学情和文体特点，设计了"激兴趣，导新课""读课文，练概括""讲顺序，分类别""有选择，迁写作"四个教学流程，突破了传统阅读教学的内容指向，以"概括能力"和"构思意识"的培养为主要教学目标，渗透写作知识，迁移写作技法。我们能感受到王老师对传统阅读教学内容的突破求变，展示了她对"指向写作"

阅读课的理解。纵观本课例，王老师课堂结构的设计也是环环相扣，指向性明确。

先来看看本课例的环节一"激兴趣"和环节四"有选择"。环节一部分，王老师板书"文字"之后，问："还记得以前学过的课文《石头书》吗？石头书上有文字，大自然中还有哪些文字呢？"教师不仅引导学生回答，还特地板书下来。乍一看，本环节很随意，只是在引导学生联系生活，观察生活，甚至板书也是多余的。其实不然，当把这个环节和最后一个环节联系起来，顿感环节一的用意，为指导学生迁移写作方法"有选择"埋下伏笔。从中我们可以看到，"指向写作"的阅读课在渗透写作知识时，并非"空中楼阁"，强行灌输，而是调动一切合理的资源，激发学生的情趣，在潜移默化中悄然进行，丝毫没有生硬的感觉。

本课例最重要的两个环节"概括训练"和"结构理解"也是相关联的。环节二"读课文，练概括"教师引导学生通过"找关键句"等方法，概括出文本的说明内容，并且清晰地板书在黑板上。这个教学板块除了训练学生的概括能力，还为环节三"讲顺序，分类别"作铺垫。看着板书，学生就能梳理出文本的写作思路和分类意图，写"天书"的时候都选择"辨别方向"的"文字"，写"地书"的时候都选择"了解地貌"的"文字"。如果缺少了"概括"的环节，让学生直接梳理出文本的写作思路，即使是六年级的孩子，也是非常困难的事情。不仅如此，王老师还把教学前行了一步，引导学生："能不能把第5、6自然段和第2、3自然段交换顺序？也就是先写地书再写天书，行吗？……如果非要先写地书再写天书，那打算第4自然段怎么改？"这个环节是点睛之笔，尝试让学生通过过渡句安排，重新构思文本，这是在当场训练文本的运思。

我们再把目光聚焦到环节三，王老师先引导学生写作需要"讲顺序"，再指导材料要"分类别"。两个教学环节不能交换的，是引导学生体会作者运思细化的过程,"讲顺序"是篇章的构思,"分类别"是段落的构思。基于这个教学环节,王老师问能否把"白云"和"繁星"写进文本时,学生的领会就水到渠成了。

从王丽琼老师的课例中,读到了一线教师对"指向写作"的阅读课的探索智慧,从文本整体上构思,环节设计精巧,逐步推进,为说明文的教学打开了一扇天窗。我们相信,"指向写作"的课例会越来越丰富,越来越精彩。

(徐栋)

5.《钱学森》教学实录[①]

(1) 两句"话"

①找句子,朗读。

师:这节课,我们一起来学习课文——(生齐读板书:钱学森)

师:读了这篇课文,我们都有一个感触:钱学森热爱祖国(板书:爱国)。

(学生齐读板书)

师:这是一篇写人的文章,写人的作文,常要写说话句(板书:说话句)。请同学们打开书,快速浏览课文,用直线画出钱学森说的话。

(学生找句子,教师巡视)

师:谁来交流钱学森说的第一句话。(指名说)

出示——

[①] 苏教版第11册,樊小园执教,高子阳点评。

他说:"我是中国人。我现在所做的一切,都是在做准备,为的是回到祖国后能为人民多做点事。"

师:真好。你不仅找正确了,朗读也特别棒,读出了钱学森的爱国。谁再来读一下。

(指名读。该生强调了"中国""一切""做准备""多做点事")

师:从你的朗读里,我听出了钱学森作为一个中国人的自豪,以及他一心想回国,为人民做事的心理。我们一起来读读这句话。

(学生齐读)

师:钱学森还说了什么?(指名说)

出示——

钱学森诚恳地说:"我们日夜盼望着的,就是祖国能够从黑暗走向光明,这一天终于来到了。祖国现在是很穷,但需要我们大家——祖国的儿女们共同去创造。我们是应当回去的。"

师:这段话,除了要读出钱学森的爱国,还要注意提示语中"诚恳"一词。同学们先各自练读一遍。

师:练好了,谁来读。

(指名读)

师:你读到大家的心坎里去了,特别是"应当"一词,读得真诚。我们一起来。(引读)钱学森诚恳地说……

【点评:学生读过课文有了整体感知后,教者直奔说话句,犹如把学生迅速拉到主战场,让战士们直接展开对决。而这种指向说话句的教学,是写人文章之教学必须有的策略之一。】

②说话句有选择

师：就这篇课文中，钱学森说的话很多很多，请自由读第 3 自然段，思考哪里也应该有钱学森"说的话"。

生：他们谈论着祖国的美好前景。

师：哪个词告诉你，这里应该有人物"说的话"？（学生齐：谈论）

生："他们一边赏月，一边倾诉思乡情怀"中的"倾诉"，也表示说。

师：是啊，中秋佳节，浓浓思乡情有说不完的话。

生："这一年的中秋之夜，钱学森和十几位中国留学生一起欢度中华民族的传统节日。"欢度节日，肯定要说话的。

师：庆祝节日，你一言我一语的，多热闹。

生："1949 年 10 月 1 日，新中国在隆隆的礼炮声中诞生了。"新中国诞生了，他们一定很兴奋，会聊很多的话。

师：是的，文中钱学森说的话很多很多，（指着幻灯中的两句话）为什么全文只写钱学森说的这两句话，而不把那些"话"写出来呢？

生：因为这两句话最能表现他一心想要回国的心情。

师：你发现了这两句话的共同点，都表达了钱学森一心归国。

生：这两句话最能表现他的爱国。

师：你用了个"最"字，为什么？

（生一时不知如何回答）

师：第 3 自然段中省略的话和爱国有没有关系？（生：有）你认为这些话的爱国情感没有"一心回国"来得强烈？为什么？

生：爱国的话人人都会说，但回国不是每个人都做得到的，所以说这两句话最能体现钱学森爱国。

师：请给她点掌声。写说话句不是千言万语，越多越好，应该学会选择！（板书：有选择）选择是有标准的，标准就是文章的中心，本次的标准是——（生：爱国）

生（齐读板书）：说话句，有选择。

【点评：多少课堂，老师在低效重复着学生早已经熟知的事。而学生不知的往往老师也不知。像说话句要有选择，这是写人文章永远不可缺少的元素，但许多老师看不出来，也无法引导学生发现选择之价值。如何选择？你看，老师稍微一点，学生便豁然开朗。】

③围绕说话句选材

师：钱学森无论身在何处，都不忘自己的祖国，时刻想着回到祖国，为祖国建设服务。这就是他最令人敬佩之处。让我们一起，再来读读钱学森的两句心声。

（学生齐读两句话）

师：这两个说话句的重要，不仅最能体现钱学森的爱国，在这篇课文里，还有非常独特的作用。

出示——

他说："我是中国人。我现在所做的一切，都是在做准备，为的是回到祖国后能为人民多做点事。"

师："我现在所做的一切，都是在做准备"，钱学森做了什么准备呢？

生：拜美国著名空气动力学教授为师。

师：这是一个准备。冯·卡门是美国空军科技的奠基人，是"超声速时代之父"，是20世纪最伟大的科学家之一。拜他为师，能接触到最尖端的科技。

生：到美国去留学。

师："赴"就是"到"的意思。赴美留学也是一个准备。

生：成为冯·卡门教授最得意的学生和最得力的助手更是在做准备。

师：这更是一个准备。当时中国贫穷、落后，中国留学生在国外是被人瞧不起的。这两个"最"字，意味着——

生：意味着冯·卡门很看重钱学森。

生：意味着钱学森很杰出。

生：意味着钱学森的勤奋。

师：钱学森的准备做得真充分啊。当时，他在美国享有金钱、名誉和地位。可是，他一刻——（生：也没有忘记）。他说——（生：我是中国人。我现在所做的一切，都是在做准备，为的是回到祖国后能为人们多做点事。）

师：你看，第2自然段所写的，是围绕着钱学森后面所要"说的话"准备的。

（出示第二句说话句）

师：钱学森是在什么情况下说这句话的？

生：他向留学生袒露心迹，留学生劝他时说的。

出示——

留学生中有人劝道："祖国刚解放，要钱没钱，要设备没设备，现在回去搞科学研究，只怕有困难。"

师：请女生做留学生来劝劝钱学森。

（女生齐读留学生的话）

师：写留学生的话是为了衬托后面——钱学森说的话。也就是说，这一小节，前面的内容都是为后面钱学森要"说的话"服务的。

师：学到这里，你发现了没有，整篇文章就是围绕这两个重点句来写的。这就是这两个说话句在这篇课文中非常独特的作用。

【点评：这段话的教学，精彩在"第2自然段围绕着钱学森说的那句话而展开"。这是学生作文最易出现的问题，也是一般老师最不易看出来、

最容易忽视的。这样的阅读教学，才是学生有所感、有所获的真正意义上的"读写结合"。】

④为什么写美国高级将领的话？

师：现在，老师要考考你们。课文后面为什么要写美国高级将领的话？

出示——

听说钱学森准备回国，美国海军的一位高级将领说："钱学森无论到哪里，都抵得上五个师，绝不能让他离开美国！"

（生齐读）

师："五个师"，知道是多少人吗？（学生摇头）部队的编制分甲、乙两种。乙种师是5000人为一个师，甲种师是10000人为一个师，五个师至少有25000人。知道这一点，再读这句话，读好"五个师"。（生齐读，突出"五个师"）

师：你从"绝不能"三个字里，读出什么？

生：一定不让他离开美国。

师：如果要离开美国呢？

生：把他关起来。

生：给他更好的待遇，用金钱诱惑他。

生：我觉得会先礼后兵，实在留不住就杀了他。

师：事实上，当时的美国政府确实也这样做的。

师（简介）：当钱学森提出回国后，他们非常恐慌，后来又非常地恼火，明里暗里对钱学森进行迫害。卑鄙地找了个借口把钱学森抓了起来。将他关在一个海岛的拘留所里，进行惨无人道的折磨和迫害，仅半个月，就使他的体重减轻了30磅（约合27斤）。当时美国当局声称，只要钱学森放弃回国念头，就照常给他提供实验室和仪器设备。

师：请你们再读这句话，注意"绝不能"三个字。

（学生齐读，强调"五个师""绝不能"）

师：现在你知道，为什么写美国高级将领的话？

生：这样可以衬托出钱学森强烈的爱国心。

师：写说话句，配角的话是不是不要写？不是的，像这样，能反衬出主人公特点的话，就该写。

【点评：人物所说的话被直接引用，给予读者的就是"真实"。读高级将领那句话，真实、事实一下子摆在了读者面前，绝不容你生疑。如果作者间接引用美国高级将军的话，效果肯定不一样。反复品读那句被直接引用的话，其深藏的东西，让人刻骨铭心！写人，引用什么样的语言才是精准的，这篇课文的这句话引用算是一个典范。】

（2）一个"特写"

①朗读、体会

师：本文为了表达钱学森的爱国心，除了两句话（课件出示），还有一个特写镜头（板书：特写），找一找，是哪一自然段。

生（多名学生）：第1自然段。

师：你们找得很正确。下面，老师出示一句，请同学们读一句。

生读：1955年10月1日清晨，广阔无垠的太平洋上，一艘巨轮正劈波斩浪驶往香港。

师：这时，镜头里只有一艘巨轮。

生读：一位四十来岁的中年人，迈着稳健的步伐踏上甲板。

师：镜头拉近，人物出现了。

生读：阵阵海风不时掠过他那宽大的前额。

师：镜头继续拉近，你能看清人物的前额了。

生读：眺望着水天一色的远方，他屈指一算，已经在海上航行15天了。

师：看清了他的神情和动作。

生读：想到前方就是自己魂牵梦绕的祖国，他多么希望脚下不是轮船的甲板，而是火箭的舱壁啊！

师：镜头再次拉近，你仿佛从他的神情，看到了他的内心。他是谁呢？

生读：他，就是世界著名的科学家钱学森。

师：像拍电影一样，把镜头一点点拉近，放大，这样的写作手法，我们称为特写。（生读板书：特写）

【点评：从语文课程标准看，小学阅读教学没有讲特写的建议。用具体的课文教写作手法，没有难度，从师生的对话中便可以发现。】

②表达的奥秘

师：这段文字里，有个词值得单独拿出来讲一讲。（板书：劈波斩浪）"劈波斩浪"表面的意思是：船只行进时冲开波浪。这个词还蕴含着另外一层意思，是什么呢？联系下文想一想。

生：指的是钱学森劈波斩浪回祖国。

师：对于钱学森来说，这"波"，这"浪"指的是什么？

生：美国政府的百般阻拦。

师：是的。"劈波斩浪"暗示了钱学森回国之路历尽磨难，充满艰辛。

让我们再一次读一读这句话，读出表达中的奥秘。

师：还有一处描写也含有表达的奥秘。（板书："火箭的舱壁"）为什么不写"飞机的舱壁"？仅仅是因为快吗？

（学生困惑不解）

师：钱学森是研究什么的？

生：火箭、导弹。

师：还记得《徐悲鸿励志学画》这篇课文吗？里面有个句子：他像一匹不知疲倦的骏马，日夜奔驰，勇往直前。徐悲鸿是干什么的？

生：画画。

师：画什么出名？

生：骏马。

师：这么一联想，"火箭的舱壁"看似不经意，其实有讲究。如果，钱学森研究火车，作者可能会写，他多么希望脚下不是轮船的甲板，而是——（生：火车的车轮）如果，钱学森研究飞机呢？（生：飞机的机翼）

师：多有意思的语言啊。我们再来读读这句话，记住其中的奥秘。

（生齐读句子）

【点评：马克·吐温说："正确的词和差不多正确的词之间的区别，就像闪电和萤火虫的区别一样。"这就是作品展现的写作风格中的"用词的对与错"的问题。用词的对与错，用词的精与准，直接关系到作品的力量。课堂中如此品读，就是关注作品的写作风格。】

③倒叙手法

师：（出示第一句话）一起读。

生（齐读）：1955年10月1日清晨，广阔无垠的太平洋上，一艘巨轮正劈波斩浪驶往香港。

师：我觉得，这句话出示的时间有点不对头，请找一找文中表示时间的词。（学生圈画，交流）

出示——

1955 年 10 月 1 日

1934 年

1949 年 10 月 1 日

1955 年 9 月 17 日

师：按时间的先后，应该是这样排的：

出示——

1934 年

1949 年 10 月 1 日

1955 年 9 月 17 日

1955 年 10 月 1 日

师：你们看，这样按照时间的先后不是很顺吗？比较一下开头，你觉得哪一种好？

生：原来的开头好。

师：课文的开头好在哪里？老师请个同学跟我合作朗读，我读"1934年"的开头，同学读课文的开头，大家用心听，细细比较，课文的开头好在哪里？

（老师读，学生读）生：文中的开头能写出了钱学森急切回国的心情。有总领全文的作用。

师：钱学森的爱国情，最主要的一点是他时刻想着回国。你的意思是，课文一开头就进入了这一主题，是吧？

生：能吸引读者，设置悬念。开头直到最后一句才告诉我们这个人是钱学森。

生："1934 年"的开头，不美，不吸引人。

师：很多情况，作文的顺序就是事情的顺序，但也有特殊的情况，作文的顺序不等于事情的顺序，像这篇课文这种写法，就叫倒叙。（板书：倒叙）课文用倒叙的手法把归心似箭、一心报效祖国的钱学森晒在读者眼前，深深地吸引着每一个中国人。

生（齐读板书）：倒叙。

【点评：关于文章的开头，没有一个万能的公式。加布里尔·加西亚·马尔克斯谈一本书的开头说："最难写的就是第一段。第一段我通常要写几个月，一旦写好它，其他的就容易多了。"其实一篇文章也是如此。写作是要教的，开头同样是需要教的，文章的开头只有这样关注，学生才能懂得开头不是随便的事。】

（3）一本"书"

师：课文我们就学到这里。这堂课，我们重点学了两个"说话句"，知道写说话句——

生：有选择。

师：还认识了一个——

生：特写镜头。

师：知道这个特写采用了——

生：倒叙的写法。

师：钱学森，是 2007 年的感动中国人物，关于他的故事，在这本书里有详细的描述——《钱学森传》。读《钱学森传》吧，不仅能看到课文里所没有的细节故事，还会时时被钱学森的伟大人格所感动、感染。今天的课就上到这里，下课。

【点评：课文教学关注相关的书，这是没把课文教完的表现，这是母语学习规律的体现。指向写作的阅读教学，如果没有相关整本书的关注，那只是小写作教学。因为真正的写作引领、更全面的写作智慧在厚厚的书中。】

板书

劈波斩浪		说话句	有选择
	爱国心		
火箭的舱壁		特写	倒叙

总评

阅读教学中的写作关注

一、阅读教学中永远不为过的写作关注——说话句的写作奥秘。我对苏教版小学语文课文做过统计，三分之二的课文中有直接引用的说话句。没有说话句的文章自然不要关注说话句，只要有的，我觉得篇篇关注都不为过，主要原因：（1）说话句是绝大多数文章、书籍不可缺少的；（2）说话句看似容易写，其实越写越难，越写越要智慧。如果只是简单教了，偶尔关注一下，学生很难体会到说话句的价值所在。美国著名作家尤多拉·韦尔蒂说："一开始，如果你耳朵敏锐，对话是世界上最容易写的，我感觉自己还行。但是要继续写下去，它却是最难写的部分，因为对话承载着很多任务。有时候我需要让一段话同时做到三件、四件甚至五件事情——不仅要揭示人物所说的话，还要能表达他对自己所说的话的看法，以及他所隐藏的、别人对他所说的话的理解，还有他们的误解等等，这些都要包含在他那一席话里。这些话必须要保持这个人物的本质和他独特的特点，而且要简明扼要。这并不是说我做到了，但是我想这就是对话能在写作中给我带来最大乐趣的所在。"樊老师在《钱学森》（六年级）一课中关注了说话句，如果在一至五年级都关注过，肯定会发现不同，肯定会发现说话句越来越独特，越来越复杂。忽略说话句的写作引领，对于学生来说是莫大的损失。而关注说话句，如果仅仅在内容理解上，没有写作、创作的教学引领，阅读教学就会丧失一大半的价值。

二、指向写作的阅读教学，其写作到底包含哪些东西？斯蒂芬·克拉生在其专著《阅读的力量》中说："写作能力是从阅读中培养的。更精确地说，从阅读中，我们学会写作风格这种独特的写作语言。无数的事实证明，写作风格由阅读而来。人们一般的想法是写作能力是从实际写作过程中培养的。但就写作风格来说，这是错误的说法。我们如何学写作，不应该从写作中学来，应该从阅读中来。"那写作风格这种独特的写作语言又指的是什么呢？《创意写作大师课》介绍了罗伯特·路易斯·史蒂文森的一个研究成果，史蒂文森研究很多作家的作品发现写作风格有五大类："一是清晰、易懂；二是简洁；三是在于细节；四是用词的对与错；五是标点符号。"这五类写作风格是从小说作品中得来的，短短的课文表现出来的写作风格是否也是这五类？读樊老师的课，你会发现樊老师重视用词的对与错，重视了细节（讲特写）等，阅读教学如若这样教下去，课文蕴含的写作风格自然就明晰了，老师们也就不会抱着那种传统的、所谓的没有多少价值的"读写结合"而不放了！

（高子阳）

后 记

在 路 上

1

　　指向写作的阅读课，最大的困扰，不是学术的争鸣，而是抬起脚，迈出门槛的那一步。早在2010年，金铭编辑关注我的博客，看了我的指向写作的教材解读和课例，很有兴趣，说，不妨拿出来，给大家看看。我没答应。我跨不出已经抬起的脚。

　　语文老师里人才济济，走出来的不多。不是缺才华，而是勇气。多元的社会，多元的价值观，多元的人生观。语文的多元时代，我以为才起步。走到门口，你敢不敢伸出手，推开那扇虚掩的门，决定你能不能看见新的天地。好心的同事劝，枪打出头鸟，当心。好心的领导说，年轻人注意，别走歪了。门口的你，如2010年的我，犹豫中，缩回了那已抬起的、准备跨出的脚。

　　要做点事，光努力不够。不能不说我的幸运。我所在的江苏省吴江实验小学,一所充满改革勇气的学校。一所没有改革勇气的学校,往往无法孕育富有改革勇气的老师。你的锐气,会被庸碌的学校文化消磨、消解。若不是学校的考试改革,若不是学校敢于从统考的怪圈里跳出来,谁教就由谁考,那么,指向写作的阅读课,至少要推迟10年。

我不担心指向写作的阅读课,有这样那样的问题。有那么多朋友以支持的方式,关心我们,也有那么多以反对的、挑刺的方式,关注我们的朋友。我们不会一意孤行;我们守住航向,也会调整航线。真走了弯路,"弯"的价值,也不输于"直"。

2

你怎么学好语文的,你就怎么教语文。我办《班级作文周报》,学生在发表中获得正确的写作观,发表中获得巨大的写作动力,来自我的写作经历、发表经历。指向写作的阅读课,来自我的阅读经历。我的语文经历叫我确认,阅读不能只管写出来的意思,还要管意思怎么写出来的。

语文老师不应只是语文学习的过来人,还应当是"过来人"中的佼佼者,有着可以确信的语文学习的经历和经验。有了自己走过的那段语文生活,你才会对怎样学习语文,充满了自我确认的自信——我就是这么过来的,没错。语文教学流派纷呈,东风来向西倒,北风来向南倒。我们需要自我确认。每个人的"自我确认",不完全一致,这里有天分,也有机缘。

武术界,有的功夫从外功练起,有的功夫从内功练起;有的功夫从轻灵开始,有的功夫从稳重开始;有的功夫重腿法,有的功夫重拳法……天分适合外功,那就拜外功高手为师;天分适合腿法,那就拜腿法高手为师。认识自己,找到自己,发挥自己到极致,都能成为高手。我读书不多,机缘巧合地写起来,写出了兴趣,写出了自信,写,催促我去读,带着写作意识、写作思维去读，这样的读，推动着、影响着我的写。

有了自己的方向，才有自我出发的可能。你若无法从自己的语文学习中，得到自我确认的方向，那我建议你，一个战役接着一个战役打，不要东奔西窜，浪费时间。矢志不渝地跟着一个人，朝一个方向走，有风有浪也要走下去，走上三五年、七八年，学完了，再学另一个。

3

有一种建设，叫破坏，破坏性的建设。有一种破坏，叫建设，建设性的破坏。

古镇的老街拆了，老房子拆了，建起了高楼大厦，娱乐会所，现在又忙着拆回来。课标请学生多读书，市面上，铺天盖地的教辅书，忽悠学生去做题，如此的出版，破坏性的建设，建设越卖力，情形越糟糕。

很多人惯性地以为，读多了，写的本领自然会好。理性告诉我，哪有这么简单。很多人的读，只是消遣一下，娱乐一下，了解一下，如此而已。我要破坏它。最好的破坏，建设新的东西替代它。指向写作的阅读课，即是。

"建设性的破坏"和"破坏性的建设"，字面上，好分；现实里，难。我说，指向写作的阅读课，建设性的破坏；人家说，你那玩意，破坏性的建设，别丢人现眼。有人说了，语文最重要的，给人一个精神的世界。有道理呀，我懵了，灰溜溜地回家，静思，一个人的精神世界是语文给的吗？不识字、不读书的人，就没有精神世界了，精神世界就比读书的人浅薄、卑劣？读书的人必定有敞亮、丰满的精神世界吗？灾难面前，读书人必定镇定自若吗？黄继光、董存瑞不识字，视死如归的力量哪里来的呢？

《鲁滨孙漂流记》，主人公捡了几本书，其中一本《圣经》，两本天主教祷告词。鲁滨孙的力量，书给的？《圣经》给的？一个人内在的力量、精神的世界，本质上不是语文给的，而是信仰。有信仰，才有真正的精神世界。语文和信仰，不是一回事。

4

不能盯着语文教语文，不能盯着阅读教阅读，也不能盯着作文教作文。要语文教育，而不是语文教学。所有的学科都应是"人的教育"和"学科教学"的融合。数学要从数学教学走向数学教育，英语要从英语教学走向英语教育，体育也要从体育教学走向体育教育，科学、艺术、计算机等，都要从学科教学走向学科教育。

人的教育不是独立于学科的，而是存在于学科教学中的，每个学科老师都要加以关注、必须加以关注、能加以关注的。"人的核心素养的教育"和"学科关键素养"的融合，这是我目前所认为的学科教育的走向，也是指向写作的阅读课的走向。

我是个行者，又不甘心只做行者。我用脚走路，又不甘于只用脚走路。我也用笔走路，我在路上。